智元微库
OPEN MIND

成 长 也 是 一 种 美 好

洞见写作

打造可复制的文章方法论

洞见君 / 著

人民邮电出版社

北京

图书在版编目（ＣＩＰ）数据

洞见写作：打造可复制的文章方法论 / 洞见君著
. -- 北京：人民邮电出版社，2023.7（2023.8重印）
ISBN 978-7-115-61900-6

Ⅰ．①洞… Ⅱ．①洞… Ⅲ．①写作学 Ⅳ．①H05

中国国家版本馆CIP数据核字(2023)第098910号

◆ 著　　　　洞见君
　责任编辑　刘艳静
　责任印制　周昇亮
◆ 人民邮电出版社出版发行　　北京市丰台区成寿寺路 11 号
　邮编 100164　　电子邮件 315@ptpress.com.cn
　网址 https://www.ptpress.com.cn
　河北京平诚乾印刷有限公司印刷
◆ 开本：880×1230　1/32
　印张：9.25　　　　　　　　　　2023 年 7 月第 1 版
　字数：200 千字　　　　　　　　2023 年 8 月河北第 2 次印刷

定　价：69.80 元

读者服务热线：（010）81055522　印装质量热线：（010）81055316
反盗版热线：（010）81055315

广告经营许可证：京东市监广登字 20170147 号

前　言

写作改变了我的人生。

我小时候喜欢读书，读过雨果、鲁迅、郁达夫、冰心、夏衍、柔石、萧红等著名作家写的经典名著。那时候，我觉得文字的世界太有魅力了，小说中形形色色的人物与跌宕起伏的情节着实令人着迷。

书看得多了，我忍不住也提笔写起来。当时我什么都不懂，写作没有什么目的性可言，只觉得写得快乐、写得畅快，想到什么就写什么。有一次，我还把我的梦境写成了几万字的小说，整个过程很有趣。也是在这样的读书、写作过程中，我爱上了写作。

相比于读书，写作是一件门槛更高的事情，它需要你不断地思考，不断地组织语言进行内容的创造和输出，因此写作带给你的精神收获是不可估量的。

成年后，我进入传统媒体行业，写了20多年的文章。

8年前，自媒体行业已发展得如火如荼，很多写作从业者和爱好者都做起了自己的公众号。

当时我刚好离开了从事 20 多年的传统媒体工作，从北京回到老家安徽。处于事业转折阶段的我有点迷茫，一个朋友劝我："你的写作能力这么强，为什么不自己做个账号？"

对啊，既然我擅长写作，为什么不自己做一个账号试试呢？

在这样一个契机下，我创办了公众号"洞见"。慢慢地，公众号开始有了一些粉丝，我也从一个人摸索内容运营账号发展到培养了一个专业的作者团队运营账号。现在，"洞见"的粉丝量已达到 2700 多万，在"新榜"文化类目位列第一名，成为自媒体领域里排在前列的公众号。

这确实是我人生的巨大转折点，我获得了所谓名利上的成功。当然，最幸运的还是我把我热爱的写作变成了一生的事业。

很多人感叹我能把一个账号做到有这么多粉丝，甚至在短视频崛起、公众号不被看好的今天，"洞见"仍然保持着平均日增 1 万的涨粉量。

背后的原因很简单，只有四个字——深耕内容。

我始终坚信，唯有好的内容才具备长久的生命力。运营账号亦是如此，想让账号长久发展，只有持续为读者提供好内容这一个方法。所以，"洞见"公众号成功运营的唯一秘诀就是打磨好每一篇文章，让每一篇文章都是"精品"，让读者有所收获。

经过 8 年的摸索和沉淀，"洞见"在新媒体写作上已经有了一套成熟的方法论，我们也用这套方法论培养了不少能写出爆款文章的作者。

2021 年，我们基于这套方法论开设了面向读者和同行的新媒体写作课程，为喜欢新媒体写作以及想了解"洞见"的写作方法论的朋友们提供学习机会。

我们的写作课程开设一年多了，已累积几万名学员，让我印象深刻的是有一位名叫切尔西的学员，她平时喜欢读书，一直对写作很感兴趣，但由于写作水平有限，平时只能写一些书评和小日记。

上了我们的新媒体写作课程后，她在一次孩子学校的家长写信活动中得到了老师的表扬。

不仅如此，切尔西还有好几篇文章发布在粉丝数达百万的公众号上，她一直把做自媒体签约作者作为自己的副业，用新媒体写作这种形式实现自己的写作梦想。

在我们的写作训练营里，像切尔西这样的学员还有很多，写作技能为他们的人生增添了另一种色彩。

良好的语文素养是学好任何学科的基础，具备一定的写作能力也是任何行业的基本要求。每个人的生活都离不开写作，比如给朋友写一封信，或是工作中的一次汇报、演讲等。

较强的写作技能对很多人来说都是至关重要的，这也是我们开设写作课程的原因之一，我也希望有越来越多优秀的新媒体写作者出现，为读者提供好文章。

今年有幸收到出版社编辑的出书邀约，我将我们的新媒体写作课程的内容，也就是"洞见"的写作方法论集结成册。

这是一套基于我多年做内容的经验，总结研究得出的新媒体写作方法论，最早被用于"洞见"内部的作者培训，实操性很强。用我们一位编辑的话说，这就是"洞见"的"武功秘籍"。

从选题到框架、行文，再到改稿，本书都体现了"洞见"的写作方法论。

在选题上，我们以"情理用知"的属性来进行策划，用负面思维、对比思维、加法思维等进行创新；在写作框架上，我们有基础和进阶的写作模板，行文上又有针对开头、结尾、素材乃至改稿的方法。

本书介绍的写作方法论可能与你之前了解的不同，"洞见"的写作方法论主要适用于新媒体写作，注重的是创造出对读者有价值的文章。

在很多人的印象中，写作大多是出书，或者是在报纸、杂志上发表文章，这些都是以纸质出版物为载体的。文章内容好不好、可不可以发表由出版社的编辑来把关和决定。然而，本书主讲的新媒体写作的内容载体发生了变化，从纸质出版物变成了互联网中的各个网站，手机、电脑中的各个 App 等，并利用网络技术进行传播。

新媒体写作在传播上较传统媒体写作也有很大的不同，得到读者认同的优质内容，将会有更多的浏览量，并在更多的转发和传播中被更多人看到。

最重要的是，互联网平台的多元化、开放性使得人们创作、发表作品更为便捷和迅速，所以在今天，每个人都可能成为作者，都可能有创作、发表内容的机会。

新媒体写作的入门也比较简单，无论你是否拥有写作经验，都可能写出爆款文章。

可能有人会问，如果不从事新媒体工作，那么学新媒体写作还有用吗?

当然有用。

对想从事或者正在从事新媒体工作的人来说,学习新媒体写作可以提升专业技能;对普通人来说,学习新媒体写作则是提升自我的一种绝佳方式。在我看来,它有以下三大好处。

第一,新媒体写作能提升你的思考能力。

我常和我们的编辑说,人若是不写作,就只是一根不会思考的芦苇。这话可能说得有点夸张,但是道理确实如此。

我们每天可能是看新闻时,可能是和朋友、同事交流时,也可能是看书、看电视剧时会接收大量的信息。但获得了这么多信息,却没有加以思考和输出,这些信息就只是转瞬即逝的浮云。

获得只是输入的过程,写作才是输出的过程。正如做学术研究,研究过后要输出论文才属于有所创造,个人成长亦是如此。唯有对你所看、所经历、所想的进行思考和输出,它们才会变成你的独立思想中的一部分,而写作就是帮助你思考和输出的过程。

第二,新媒体写作是这个时代不可或缺的表达方式。

以前互联网还不发达的时候,除去工作需要,我们用到文字的机会寥寥无几。但在互联网如此发达的今天,人人都离不开写作,线上沟通对每个人而言都已经是家常便饭。

以前我们的社交圈子也很简单,说的话只有身边的人能听到。现在我们在互联网上发布的内容可能会被数以万计乃至百万计的网民看到。

在互联网的世界里,学会写作,就是学会表达。

掌握了新媒体写作的方法,你会知道如何和别人线上沟通、如何说服别人，也会知道如何表达自己。它既有助于工作的顺利推进，也有助于你在社交中彰显个人魅力。

第三，新媒体写作会让你的生命变得更有意义。

闲暇时间，你会做些什么呢？

是不是大部分的时间都用来玩手机、刷短视频，甚至打几局游戏？

与其沉溺在娱乐里，不如把写作发展为一项个人爱好，这会让你的生命变得更有意义。

著名影星林青霞息影后就成了一位作家，甚至 60 岁时还会通宵写书。她虽然没有任何写作基础，却非常执着地坚持写作，她把自己一生的所思所想都写进了书里。对林青霞而言，写作可能就是一个洞见自己的过程。

我们看到的林青霞，不只是外表美，年近 70 岁的她还散发着一种体悟了人生的知性美，我想这和她坚持写作脱不开关系。

写作能带给人一种精神上的满足，我写作 20 多年，最深的感触就是，写作使我的思想更加独立，思维也更加开阔了。写作带给我一种更为高级的快乐。

虽然不是每个人都能成为作家，但是每个人都能写作。

愿你从这本书里，从写作里，找到真正的自己。

目　录

第 2 章

如何进行

选题策划

第 3 章
如何梳理
文章框架

**第 4 章
如何提升
行文质量**

第 5 章
如何优化
文章细节

第 6 章
专题写作
方法

附 录

第 1 章

人人都能复制的写作力

第 1 节　入门新媒体写作

随着互联网这个新兴行业不断发展壮大，新媒体行业也迎来了蓬勃发展，越来越多的人开始加入新媒体写作的队伍。

有些人曾经非常擅长传统媒体写作，文章写得极具文采，但在新媒体写作方面却被屡次拒稿，或者发表后反响惨淡；有些人几乎没有文字功底，也没有任何内容创作经验，却能写出百万阅读量的新媒体爆款文章。

虽然同样都是用文字创作、表达，但是新媒体写作在内容形态、方法论上与传统媒体写作可谓大相径庭，要想学好新媒体写作，我们必须先了解新媒体写作到底是什么。

新媒体写作的三个关键认知

1. 新媒体写作是大众化的表达

无论你喜不喜欢阅读文字，你在生活中都离不开新媒体内容。我们常看的公众号文章、短视频文案、各个资讯网站的信息等，这些内容都属于新媒体写作的范畴。

基于多年从事新媒体写作的经验，我给新媒体写作的定义是：建立在分析读者喜好的前提下，创造出有吸引力的内容的一种方式。

比起传统媒体写作，新媒体写作是一种更加大众化的表达。

传统媒体写作是发表在图书、报纸、杂志等纸媒上的文字，以纸质出版物为载体。传统媒体写作的内容一般由编辑选择、把关后出版传播，内容是否有价值是由编辑来判断的，能够出版的，基本上都是编辑把关之后认为值得发表的好内容。

而新媒体写作则把内容的选择权完全交到读者手上。人人都有机会在互联网上发表内容，但内容会不会有关注度取决于读者对内容的感兴趣程度。只有读者觉得写得好的内容，才会被转发，才会有高关注度。

这两种写作的语境也是不一样的。

传统媒体写作的语境更加注重文学性和个人化的表达，作者可以自由发挥想要表达的内容，会出现各种不同的文学形式。而在新媒体写作的语境里，个人化的表达不再是主流，大众化的表达更能被互联网的读者所接受。

话题选择上，新媒体写作通常选择能引起大众共鸣的内容，输出对读者有价值的观点，从而获得转发、点赞。

比如，下列新媒体文章的选题就体现了这一点。

《致七夕：无法重来的一生，好好爱自己》

《最长久的感情，不是三观相合，而是不争对错》

这两个选题都是非常大众化的话题，大多数读者看到文章中的观点都能产生共鸣，可以说，几乎每一位读者都能从这些文章里看到自己。

读者看完文章觉得写得好，写出了自己的心声，或者特别认同文章的观点，就会点赞、转发、留言等；文章的这些数据越好，就会有越多人看到这篇文章，直至成为"爆文"。

这就是读者自己在选择内容。反之，如果文章过于自我或晦涩难懂，不能引发人们的共鸣，在网络平台上发布后自然是没有人阅读的。

2. 人人都可以是新媒体写作者

我们有个编辑名叫"洞见 ADC"，他之前学的是工科，毕业后进入一家企业从事汽修工作，可以说毫无写作基础和功底。

他一直对写作很感兴趣，恰逢公众号兴起的自媒体时代，他辞了职，以一个写作新人的身份进入"洞见"。

刚开始的时候，他写的文章屡次被退稿。经过反复复盘和研究爆文，他慢慢找到了新媒体写作的感觉，写出了不少数据较好的爆文。短短 2 年的时间，他已经成为业内顶尖作者，现在他已经是"洞见"旗下账号"每晚一卷书"的主编，有不少合作伙伴慕名向他约稿。

以前，普通人写的作品想被人看到是很难的，更别提成为专业的写作者，除非他有极高的天赋，或者有极强的洞察能力和写作功底。但有了自媒体后，成为写作者不再是一件困难的事情。

现在，每个人都有机会发表自己的作品并被他人看到。同时新媒体写作也是比较好入门的，新媒体文章通常篇幅不长，讲究"短、平、快"地切中用户痛点，并且数据好的文章背后都有共同的规律，找到这个规律，就能快速入门新媒体写作，甚至像"洞见 ADC"那样成为写作高手。

因为门槛低，现在有越来越多的人进入新媒体写作领域，有的人通过新媒体写作实现了自己的文学梦；有的人把新媒体写作当成副业或主业，比如我们的签约作者安娜·贝苏，她是一个有两个孩子的全职妈妈，在短时间内成为各平台的兼职作者，靠写作赚取稿酬。

无论出于哪种目的，新媒体写作都是一项有利的自我投资，它既能提升你的文笔、逻辑思考能力，又能帮你掌握以"用户思维"为基础的内容创造方法论。

在这个信息化的互联网时代，人人都离不开新媒体写作，人人也都可以是新媒体写作者。

3. 新媒体写作是互动式写作

新媒体写作首先是一种互动式写作。

互动式写作就是了解读者想看什么之后再进行的创作，而不是闭门造车、自说自话的"自娱自乐式"创作。

举个例子，比如你对和朋友之间的相处方式很有感触，于是写了一篇题为《我和朋友的相处》的文章，文章记录了你和朋友的相处过程，也写了一些你的感悟。

但是这样的文章放到网络平台上，网友们会点开看吗？

我想多数人是不会的。因为在不认识作者的情况下，我们通常不会点开一篇和自己没有关系的文章，更不会好奇一个与自己毫不相干的陌生人如何和朋友相处。

我们的编辑写过一篇类似主题的文章——《最舒服的关系，不是三观相同，而是互相兼容、彼此成就》，文章中没有提及编辑自己的经历，而是讲述了能引发大家共鸣的人际关系方面的观点，依靠素材来论证观点的正确性。

互动式写作不是写日记式的叙述，而是说出一个能让人认同或能产生共鸣的观点，并用素材或故事论证它。

那么如何完成互动式写作呢？核心就是解决两个问题，一是文章要和读者有关，二是文章要对读者有用。

很多写作新手一开始最容易犯的错误有两个——文章内容要么和读者无关，要么对读者没用。

之前有一位新手学员给我看了他写的一篇题为《明星不断"塌房"引发的思考：我们需要怎样的偶像？》的文章，内容是对评论偶像明星身上发生的负面新闻事件的观点进行总结，文章中举例了几位德艺双馨的明星，以此论证学生追星时应该追真正优质的明星。

我当时问了这位学员两个问题：第一，这篇文章是写给谁看的，目标读者是谁；第二，文章内容对他们来说有价值吗，有用吗。

这位学员思考了很久，回答说："我写这篇文章想给老师和家长看，因为学生喜欢追星，追星问题应该困扰着老师和家长。"

明确了目标读者，我们发现这篇文章实际上对大部分的目标读者是没有用的。

老师和家长更关心的是孩子的成绩、教育等话题，也许也关注孩子追星的话题，但这并不是他们最关注的话题，甚至有些老师和家长丝毫不关心这个话题。基于追星这样的话题写文章，自然是很难吸引老师和家长的关注的。

此外，这篇文章的内容是对一种社会现象的讨论，对读者个人的价值不大，且"追星时应该追真正优质的明星"这个观点并不新颖和深刻，给读者提供不了太多有用的信息。再加上这篇文章偏向说理，很难让读者产生共鸣，所以这不是一篇合格的新媒体文章，发表出来自然不会有什么水花。

过去我们在写作时，通常都是确定好主题后直接开始创作，在写作过程中也会不断斟酌，用心打磨文章，但是极少有人思考读者是如何看待内容的。

读者一旦发现文章不能吸引他们，是完全不会浪费时间继续阅读的。写读者想看的东西，正是新媒体写作的核心，因为互联网上的文章大多是免费浏览的，读者看到标题如果觉得没兴趣就不会打开，打开后看到开头如果觉得很无聊就不会继续往下看。

所以我们在进行新媒体写作前，不妨试着多问问自己或身边的人："我写的这篇文章会有人看吗，对他们是否有用呢？"

新媒体内容创作的三个底层思维

有句话是这样说的："你相信什么，才能看见什么；你看见什么，才能拥抱什么；你拥抱什么，才能成为什么。"这句话放到新媒体写作中也适用，你以什么样的思维进行思考，自然就会创作出什么样的内容。

前面提到，新媒体写作中要创作出的是吸引人的内容，那么如何创作出吸引人的内容呢？这就涉及新媒体内容创作的底层思维。

根据多年新媒体内容创作的经验，我认为无论是新媒体内容创作，还是做视频，只要是生产与新媒体相关的产品，都离不开三个底层思维——用户思维、产品思维、社交思维。

1. 用户思维

相信大家对"用户思维"一词并不陌生，在互联网领域这是一个常被提及的专业名词。

用户思维，顾名思义就是站在用户的角度考虑问题，它和我们前面提到的互动式写作有些像，你需要站在用户的角度思考他从每一步中获得的体验，比如你写的主题是不是读者想看的，你这样写够不够精彩、能不能吸引读者，甚至你该怎样排版才能让读者看得更舒服，等等。

在新媒体写作中，用户思维就体现在你的选题、你的逻辑、你的句子中，在设计每一步时，你都要考虑文章写完后读者读起来是什么感受。

请先阅读下面这段文字。

"春天呀，你可曾听到我殷切的呼唤？期盼，你乘着时光快车，早点到来，带来花香，带来雨露，带来温暖，带来希望！

"春雷阵阵，春雨淅沥，春天已经捎来了消息！相信，用不了多久，就会是一派春暖花开，蜂飞蝶舞的盎然生机。

"没有一个寒冬不可以逾越，没有一个春天不会来临！让我们微笑着迎接明天，一起期待冬天尽头的春暖花开！

让我们张开怀抱，一起拥春入怀！愿所有的美好，随着春天款款而来！"

看完这段文字你有什么样的感受呢？是不是觉得写得有些啰唆且没有重点？

这段文字就是典型的缺乏用户思维的"自娱自乐式"写作，作者在文中一直在抒发对春天的感悟、对春天的呼唤，但对看的人来说，文字并不生动，内容也没有情绪的共鸣点。

如果不能打动读者，即使写得再好，也不会有人看，用户思维是进行新媒体内容创作时最基础、最重要的一点。

2. 产品思维

水杯解决了人们喝水没有容器的困扰；手机的出现满足了人类信息传递的需要；外卖平台的兴起让没时间做饭的人可以轻松用餐……任何一个事物被创造，都是为了满足或者解决人类的某一项需求。

产品思维，就是思考你的产品能解决用户什么需求的思维。

如果说用户思维是把自己代入读者的身份，以读者的角度看文章，那产品思维则是做回作者，以作者的思路审视文章能传达什么，能给读者带来什么。

每个人都可以把自己的文章看成一个产品，以产品思维来设计文章。

看到这里，很多人可能会疑惑："文章又不是产品，何来产品思维和读者需求？"其实不然，文章一样可以被看成一件满足读者需求的产品。

文章能满足读者的什么需求呢？

大多数新媒体文章满足的是读者精神上的需求。我把这类精神上的需求分为两种。

第一种是情感上的需求，人都有喜怒哀乐，有想要发泄的情感，有焦虑，也有对美好生活的向往。从读者的情感需求出发，文章主要有帮助读者发声、宣泄情绪及抚慰心灵的作用。这也是情感美文深受欢迎的原因，因为读者读完能产生情感共鸣，能得到治愈。

第二种是认知上的需求，我们生活在社会中，对信息获取也有需求，我们想知道这个世界发生了什么，有什么东西是自己不知道的，这时候就会产生认知上的需求。

比如，旅行类的文章会告诉读者哪些地方值得游玩，观点类的文章，会告诉读者他此前没有考虑过的观点，比如《惊人的三大强者定律：螃蟹定律、蘑菇定律、跳蚤定律》就让很多读者知道了他们之前没有考虑过的定律。

写作者需要先思考自己的文章到底能解决读者的什么需求，再进行有针对性的撰写。

3. 社交思维

互联网具有非常强的传播属性，无论是网络上的一张图片还是一篇文章，都有可能被成千上万的网友转发传播，而传播得越广，这张图片或这篇文章的数据也就越好。究竟什么样的内容才有可能被大量读者转发传播呢？

我们分析了大量的爆文，发现其中是存在一定规律的：除了内容本身要能吸引人，内容中蕴含的社交思维也很重要。

互联网不仅是一个提供资讯的平台，更是一个偌大的社交平台。我们在微信中和朋友聊天、分享讯息，也在朋友圈、微博等平台和认识或不认识的人分享心情。这背后自然而然就延伸出了互联网的社交属性。

社交思维就是给读者提供一个转发的理由。

比如，以前有个作者写了一篇名为《致闺蜜》的文章，她之所以写这个选题，是因为觉得会有很多人把文章转发给自己的闺蜜表达情感，所以她就写了这篇文章，这就是社交思维的体现。

还有我们经常看到的有地域属性的文章，比如《广东人到底有多爱吃》等，广东人看到这篇文章很容易转发到朋友圈，表明自己是广东人，以此获得身份认同感，获得圈子认同感，这也满足了人的社交需求。

写文章的时候，我们也要想一想"这篇文章适不适合转发"，像《7 月再见，8 月你好》之类的文章，也是基于很多读者可以转发到朋友圈、表达一种仪式感而写的。

拥有社交思维能让你的文章更容易传播，更容易成为爆文。

第 2 节　找准三大价值，掌握爆文核心逻辑

前面我们提到，新媒体文章要创作出吸引人的内容，最重要的是文章要对读者有价值。读者看了你这篇文章之后觉得有收获，

觉得文章对自己有用，那这篇文章就对读者产生了价值。比如看完一篇名为《成年人顶级的自律：不熬夜》的文章，读者能够联想到自己也应该早睡；又或者读者看完一篇名为《从今天起，一切看淡》的文章，感觉治愈了他当下的糟糕的情绪。

无论是接触新观点，还是得到情绪上的治愈，对读者都是有价值的，这就是文章要给读者带来的价值。

很多人不明白，为什么新媒体文章要有价值感。

新媒体文章的一大特点在于传播，互联网上的信息非常多，越是有价值的信息，越能打动读者去传播。

试想你会转发什么样的文章到朋友圈？是转发一篇写出你的心声，对你有用的文章？还是一篇文笔极好却和你毫无关系，也打动不了你的文章呢？我想，大部分人都会选择前者。

所以，在写每一篇新媒体文章前，我们都需要问自己三个问题。

这篇文章跟读者有什么关系？

读者为什么要看你这篇文章？

读者读完你的这篇文章能有什么收获？

永远要记住，满足读者需求的、能够为读者提供价值的文章才会被广泛传播。

我在做新媒体内容创作的这几年里拆解、学习过无数爆文。我发现，新媒体文章提供的价值可以总结为三类：情绪价值、认知价值、实用价值。

这三类价值是爆文乃至互联网上绝大部分内容的核心逻辑，要想做爆款，一定要先懂得内容能够提供的价值。

情绪价值

情绪价值可以理解为跟读者产生情绪上的共鸣，包括开心、愤怒、悲伤、失落等情绪。

比如，一个刚刚失恋的人悲痛欲绝，突然看到一篇文章，文章的内容正好告诉他没有什么过不去的人和事，看完后他觉得自己被治愈了，没有那么伤心了，那么这篇文章就为他提供了情绪价值。

在生活中，我们会产生各种各样的情绪和情感，比如失败的时候会沮丧，遭遇不公的时候会愤怒，看到一些暖心的事情会感动。不只是你，在相同的境遇下，任何人都会产生同样的情绪和情感。

新媒体文章就是通过洞察普通人身上的情绪和情感，站在他们的角度写出让他们觉得有共鸣的文字。

情绪价值又可以分为：强烈情感型，温柔抚慰型，自我怜爱型三种类型。

1. 强烈情感型

强烈情感型指的是某些人或某些事能使你产生强烈的爱憎鲜明的情感，而文章能帮你把这些情绪表达出来。

人人都有喜怒哀乐。我们看到喜欢的、能力超群的人，会崇拜、佩服；看到不喜欢、不符合我们价值观的人或事，会生气、愤怒、不满，甚至会仇视。这类情感一般都是对其他人或其他事物的爱或憎恨，都是比较激烈，却难以言说的情绪。

想满足强烈情感型这一情绪价值，就要用文章说清人内心的爱憎，让读者与文章共情，帮读者说出他心里的情绪。

比如，曾经有人在科比去世时，大肆炒鞋，大部分读者看到这类新闻，内心都曾泛起或多或少的愤怒。

针对此事，有位作者写了一篇文章，替读者表达了他们对这些人的谴责、不满，帮读者说出他们内心的感受。

强烈情感型的文章，一般比较适合用于和负面新闻相关或者情绪起伏比较大的热点文、观点文。

2. 温柔抚慰型

温柔抚慰型的文章和强烈情感型的文章不同，它的重点不在于表达读者的情绪，而在于用文字的力量去抚慰读者的负面情绪。

比如，下面这段文字（节选自文章《放下，是治愈一切的良药》），就是温柔抚慰型文章的代表。

人生漫漫，这一路上谁不是跌跌撞撞地前行，有欢喜也有哀伤，正如花开花落，云卷云舒。

与其对一件事情耿耿于怀，终日愁眉不展，不如抬起头，踮起脚，放下执念负累，让自己的心解脱。

因为人生，没什么是不可放下的，有所舍，才有所得。有所放下，才有所收获。

愿我们都能在今后的人生中，学会放下，收获更多的幸福。

网上有很多类似的文章，比如《善待自己，让一切顺其自然》《心态，是最好的本钱》《把自己劝明白，是最大的自在》等。这类文章的特点是用温柔的、娓娓道来的文风劝慰读者学会放下和释怀。

当我们遭遇不顺或者被什么事情困扰时，阅读这样的文章能够让我们获得心理上的安慰，这也是在为读者提供一种情绪价值。

温柔抚慰型的文章比较适合用于情感美文，这类文章通常表达一些人生观点，但说理感不重，文字富有美感。

3. 自我怜爱型

自我怜爱型的文章主要是作者站在读者的角度，替读者表达那些不被人理解的情绪和心声。

每个人内心都会有一些自我感伤的情绪，想要被人理解懂得，也需要自己抚慰自己的情绪，自我怜爱型的文章的作用是帮读者抒发这种想被人理解的情绪。比如《丢了我，谁心疼？》这篇文章没有用到任何故事或者人物素材，通篇都在讲述自己的心情。

生活中，我们都会有因不被人理解而委屈的时刻，都会有付出了很多却不被人珍惜的时刻。

这类文章替读者表达他们内心的那些不为人知的情绪，让读者产生共鸣，觉得有人能懂自己，从而得到一点慰藉。

如果我们能够洞察普通人身上的小情绪，用文章替他们说出他们内心深处的话，那就是在为读者提供情绪价值。

自我怜爱型的文章也适合用于写抒情类的情感美文，它与温柔抚慰型的文章的区别在于，自我怜爱型的文章很少或者几乎没有观点，它更注重情绪的表达、文字的美感，以及能不能与读者产生共鸣。

总体来说，情绪价值就是将情绪作为文章的重点主题，不强调观点信息，更注重调动读者的情绪，让读者从文章中获得共鸣。

提供情绪价值的文章，适合由对他人情绪有敏锐洞察力，语言表达有感染力，会调动他人情绪的人来写。

那么，要怎么样写好这类文章呢？这里我给大家总结了两个小方法。

（1）多用第二人称

多使用第二人称，能够让读者不自觉地产生代入感，更容易产生情绪共鸣。

比如，《余生，我累了，也懂了》这篇文章的开头。

不知道你有没有这样的经历：

加班加到深夜，想发个朋友圈抱怨一下，文案都编辑好了，发送的时候却犹豫了；

接到父母电话，本想聊下工作的烦恼，话到了嘴边，却换成了"我很好""别担心"；

听到朋友吐槽工作，原本想要参与其中，倾诉自己的焦虑，最后想想还是算了。

相信很多人看到这一段内容时，都会不自觉地代入自己的经历，感觉内心被文章戳中了。这就是使用第二人称的好处，读者会不自觉地把自己代入作者营造的场景中，从而产生情绪共鸣。

（2）多用金句

大家想一下，很多时候我们看文章之所以会产生触动，是不是因为被某一个句子打动，感觉这句话说到了自己心坎里？

这就是金句的煽情作用。

"洞见"有篇文章叫作《520，致我最在乎的人》，这篇文章是5 月 20 日"洞见"的头条，阅读量有 300 多万，点赞数和在看数也很高。

数据这么好除了与"520"这个特殊时间节点的加成有关，也和作者通篇提炼了非常多的金句有关系。

我从这篇文章里，挑几个句子作为示例。

人生最遗憾的，莫过于子欲养而亲不待；人生最幸运的，莫过于叫声"爸妈"有人应。

越往后才越明白，还能听到父母的唠叨，是多大的福气；还能收到父母的回应，该有多庆幸。

无论身处何地，你都是我心底的牵挂。

往后的日子里，愿你我继续携手并肩，温暖同行。无论世事如何变迁，都能感情不减，友谊不变。

每一个句子都很煽情，既简洁又直击内心，让人读到最后忍不住转发文章。

认知价值

提供认知价值指的是你的文章需要提供一个新的观点，从而更新读者对某一问题的看法，让他们觉得学到了新的东西。

它可以是一个没听过的故事、一个原来没有掌握的方法、一个之前没有思考过的角度、一个给人启发的新观点……这些都能让读者产生认知增量，给读者提供认知价值。

比如《惊人的三大成功定律：荷花定律、竹子定律、金蝉定律》和《你什么思维，什么命》。这两篇文章里提到的荷花定律、竹子定律、金蝉定律和绿灯思维、窄门思维、赛点思维，读者之前可能都不知道。阅读这两篇文章时，面对自己没看过的信息，读者自然会觉得很新鲜，觉得学到了新的概念、新的知识点，这就是认知价值。

要想写好提供认知价值的文章，我们可以多列举一些社会实验，使用一些心理学概念。社会实验和心理学概念本身非常有趣，既有故事情节又有认知增量，非常适合作为我们写作的素材。

1. 社会实验

《惊人的"懒蚂蚁效应"：越勤奋，越平庸》一文开篇就讲了日本北海道大学做过的一个实验。

日本北海道大学的进化生物研究小组对 30 只蚂蚁的行为分别进行追踪，实验发现，大多数蚂蚁都很勤快，只有少数蚂蚁无所事事。

生物学家把这少数蚂蚁叫作"懒蚂蚁"，并给它们做了标记。

当研究小组断绝这 30 只蚂蚁的食物来源后，勤快的蚂蚁立马乱成一团，"懒蚂蚁"则不慌不忙，带领蚁群向新的食物源转移。

原来"懒蚂蚁"不是懒，而是把大部分时间花在侦察上。它们看起来无所事事，但脑子没有停止过思考，这就是著名的"懒蚂蚁效应"。

由此作者引出一个结论：没有深度思考，所有的勤奋都是白费力气。

这个结论不见得多有新意，但是文章结合了这样一个实验，就会让读者感觉很新奇，觉得学到了新的知识，而这就体现了文章的认知价值。

2. 心理学概念

很多文章经常用一些心理学概念作为文章的切入点或支撑论点的素材。一方面，引用心理学概念会让文章显得更加专业，更加有说服力；另一方面，这样也相当于给读者科普了心理学知识，对读者来说也能产生一定的认知增量。

比如，文章《12 张图告诉你：如何培养出快乐、温暖、人格健全的孩子》里就使用了很多心理学概念来支撑论点：心理学上的"自证预言"现象、心理学家武志红说过的话、心理学家荣格在《心理类型》中提出的内向和外向只是与生俱来的性格特点、心理学名词"霍桑效应"……

这样一篇充满认知增量的文章会让读者产生满满的收获感。

实用价值

文章的实用价值是指，我们写的内容需要对读者的实际生活有帮助，对他们有用。

具有实用价值的文章通常会为读者提供一些切实可行的方法论。比如在文章《每天睡前问孩子这 4 个问题，孩子未来会越来越优秀》中，作者就给我们列举了家长每天睡前可以问孩子的 4 个问题：“今天，你和同学们相处得怎么样呢”“今天有什么开心或者不开心的事情吗”“你想不想听听爸爸妈妈的小秘密，我们来交换一下”“有遇到什么困难吗？需要我们帮忙吗”。

这篇文章还用了许多有趣的生活故事和案例，让文章在更有趣的同时也论证了方法的实用性，对不知道怎样和孩子沟通的父母来讲，这就是一篇非常实用、能提供帮助的文章。

类似的文章还有《父母牢记“三不惯两不管”，孩子长大肯定有出息》。现实生活中，在孩子面前，很多父母总是分不清什么该管，什么不该管。在这篇文章里，作者总结出了“三不惯”和“两不管”的教育观点。

即不尊重人不惯、好吃懒做不惯、撒泼耍赖不惯以及能承受的困难不管、能独立完成的事情不管。这一教育观点对在教育上分不清轻重的父母而言，是非常实用的干货，能给他们带来实际的帮助。

除此之外，还有一些生活小技巧类的文章，比如《职场穿搭小技巧》《秋季怎么保养》等。一些读者非常需要这些文章，这类文章就是在为这类读者提供实用价值。

实用类文章看似难写，但只要我们充分调动自己的生活经验，就能找到大量可写的素材。如果你是医生，可以给大家科普一些医学知识，比如，经常失眠应该怎么办，如何防止发际线后移等；如果你是资深职场人士，那你可以分享很多职场小技巧，比如，如何跟你的老板提涨薪，如何跟不喜欢的同事相处等；如果你是育儿方面的专家，你可以分享很多育儿方面的知识，比如，孩子的辅食怎么搭配，孩子经常感冒有什么应对的小妙招等。

实用类文章因为干货比较多，所以很容易写得生硬、枯燥乏味，在写这类文章的时候，我们可以采用两种方法来让文章变得更生动易懂。

1. 语言生动有趣

写实用类文章的时候，我们往往会写得比较正式、严肃，这样虽然把知识说清楚了，但容易让人看不下去。

想把实用类文章写好，首先是语言要生动，不要干巴巴地讲，写的时候，我们可以适当地用一些场景化的语言或比喻。

比如亲子教育文《心理营养：不同年龄阶段孩子各有所需》里的片段是这样写的。

如果缺乏心理营养，一遇到给他心理营养（也许有意，也许无意）的人，他会立即被吸引。

这和三天没喝水，见到水不管脏不脏就喝是一样的道理。

作者在讲述心理营养相关知识点的时候加了一个比喻，这样看起来是不是就生动多了？而且这个比喻使该知识点更通俗易懂。

2. 用漫画形式展现

除了在语言上下功夫，实用类文章还经常采用漫画的形式让内容变得生动有趣。漫画有个特点：看起来既轻松又好玩。如果把科普类文章做成漫画、条漫，读者看起来也会觉得更简单、有趣。

比如文章《得阿尔茨海默病后，究竟会看到什么？》就画出了人们患阿尔茨海默病后会遇到的情况和发生的故事，用让人轻松、愉快的条漫完成对阿尔茨海默病的相关医学知识的科普。

第3节　用五步法拆解新媒体文章

曾经有人问我："如果一个新手想要快速学会新媒体写作，有什么办法吗？"我给出的答案是进行大量的爆款文章拆解练习，即"拆文"。

拆文就是拆解优质文章，更详细点说，就是把一篇优质文章仔仔细细、从头到尾拆解一遍，包括选题、标题、结构、素材，分析文章的每个部分好在哪里。通过拆文，写作新手能够积累写作方法、框架、素材等。

目前"洞见"团队培训新人的方式是一周对两篇以上的文章进行拆解练习。

可能很多人会不解："为什么要这么大费周章、劳心劳力地拆文？有这时间还不如多看几篇文章。"

其实不然，在学习新媒体写作方面，阅读20篇文章都不如拆解一篇优质文章有效。我们通过走马观花式的阅读能记住的东西少之又少，只有实实在在地拆解、分析，才能真正掌握新媒体文章的撰写方法。

有这么一句话：写作都是从模仿开始的。而拆文的过程，就

是建立写作模板思维的过程，只有经过大量拆文，你才知道应该
怎么写新媒体文章，才知道一篇文章好在哪里，差在哪里。

选择一篇优质文章

选择一篇优质文章是拆文的第一步。有些文章结构清晰，有
章可循，分析价值较高；有些文章则没有规律性，是作者随意发
挥写成的，这样的文章则没有分析价值。

所以我们要选择可复制、有针对性且数据表现好的文章进行
拆解。适合拆解的文章可以总结为三类。

1. 最新"出炉"的热点文

大家都知道热点是最好的爆款选题。当热点出现时，全国无
数网友的关注点都在其身上，自然有比较高的关注度。

比如 2021 年东京奥运会期间，各大平台都是相关新闻，网友
们也都在讨论中国运动员在奥运会上的表现，在当时的讨论环境
下，撰写相关文章很容易引起读者的兴趣和关注。

当时我们的作者就以此为话题创作了几篇爆文：

《本届奥运会 3 位"爆红冠军"家庭背景曝光，原来这才是他
们厉害的真相》

《看了中国运动员在奥运会上这一幕，我终于明白了什么是大
国格局》

《东京奥运结束第二天，我从 38 块金牌里，读到了 7 条人生

真相》

热点文同一般的新媒体文章相比，撰写要求更高，不仅写作角度需要有创新，出稿速度也要快。虽然难写，但每个新媒体写作者都必须时刻关注热点文、拆解热点文，及时了解最新热点话题。只有培养好新媒体敏感度，掌握热点文写作技巧，才更有机会写出爆款文章。

那么热点文在哪里找？我给大家提供两个渠道。

一是通过工具类公众号获取每天推送的节选热文，如公众号"巨土文化"的推送等。

二是查看"新榜"热文内容。

通过这两个渠道，基本可以找到当日一些热点文章，然后就可以选择合适的文章进行拆文练习了。

2. 全网"刷屏"的爆款文章

除了热点文，第二类值得我们进行拆文的就是全网"刷屏"的爆款文章。

全网"刷屏"的爆款文章是指被各大平台转载或被许多网友转发到微信群里的文章。这类"刷屏"的爆款文章经过编辑和读者的双重检验，往往有它的过人之处。

"新榜"每月都有"文章在看数 TOP20"榜单，这个榜单会筛选出公众号里在看数最高的前 20 篇文章，我们可以通过这个榜单来寻找全网"刷屏"的爆款文章。

拆解这类文章的时候主要要思考以下四个问题：文章切中了

读者什么痛点？文章背后的情绪点是什么？这么多读者转发文章的目的是什么？为什么能达到全网"刷屏"的效果？

3. 结构巧妙的文章

拆文最主要的目的是积累写作模板，而经常补充新形式的写作模板，有助于提升我们的写作能力。

当我们看到一些结构比较新、比较巧妙的文章时，我们可以通过拆解，学习它的结构，并运用到之后的写作中。

比如，《懂事的代价》一文的结构就很巧妙，它通过时间线串起全文。每段以"3岁那年、5岁那年……"开头，通过写不同年龄经历的不同事情，输出文章主题观点。

用这种结构写出的文章可读性和代入感很强。文章包含各个年龄段的故事，总有一个能打动读者。拆解完这篇文章，之后遇到合适的选题我们也可以使用这样的结构进行写作。

拆标题

新媒体写作里"拟标题"是至关重要的一环。标题直接影响文章的阅读量，间接影响文章的转发量和二次打开率。

我总结了五个拆标题时可能会使用的方法。

1. 巧用数字

一片文字中数字肯定是最显眼的，比如，《〈长津湖〉破37亿，这个只出场40秒的男人，最不该被人遗忘……》。这个标题里用到了"37亿""40秒"，数字巨大的反差不仅让标题的辨识度马上提高了，也提升了文章的打开率。

2. 场景代入

在标题里描写一些场景、细节，往往会使内容更真实，也更容易增加读者的代入感，让读者觉得仿佛说的就是自己，比如，《半夜撞见老公上厕所，我泣不成声》。

第一人称的标题容易让人好奇"我"的身上发生了什么，会激发读者产生点进去看的欲望。

3. 制造对比

标题中使用对比元素更容易引起人的好奇心，而且对比元素制造的冲突越强烈，读者的点击欲望就越强。比如，《致孩子：自律者出众，懒散者出局》这个标题，通过"自律"和"懒散"的对比、"出众"和"出局"的对比，让标题更加醒目，也让人容易联想到自己的孩子，放大家长对自己孩子"自律且出众"的期望。

4. 设置悬念

设置悬念是新媒体写作中最常用的拟标题方法，毕竟悬念是引起读者好奇，吸引其打开文章的最直接的方式。比如，《女人一生最好的投资不是婚姻，不是孩子，而是……》这个标题说话说一半，吊足了读者的胃口，读者自然也产生好奇，想要点进去看看后半句到底想要说什么。

5. 借助热点和名人效应

借助热点和名人效应也能刺激读者打开文章，特别是当下关注度高、大家都熟悉的明星、名人，对标题都有加成作用。比较典型的有《刘德华出道 40 周年直播观看破亿：原来真正的高贵，是装不出来的》。

当然，有时候一个好的标题同时使用了多个方法，并非只使用了一种方法，比如《我年薪 60 万元，浑身没有超过 100 元的衣服：存钱，才是顶级的自律》这个标题同时使用了 3 个方法。一是巧用数字：使用 60 万元、100 元等反差巨大的数字；二是场景代入：写"我"的故事，以我的场景引入故事场景；三是制造对比：收入 60 万元却没有超过 100 元的衣服，收入和支出形成反差。

拆选题

我们常说"有一个好的选题，文章就成功了一半"，找选题是很多写作者很头痛的一环。因此，拆解文章的选题也是拆解文章过程中很重要的一部分。

拆解选题的重点是对目标群体、痛点、主题观点三大部分进行分析。

1. 目标群体

茶叶卖给喜欢喝茶的人，书店的书籍卖给学生或阅读爱好者……卖东西的时候有目标客户，写文章时也要有目标群体。在拆解选题的第一步，我们要厘清选题的目标群体，也就是弄清楚这篇文章是写给谁看的，某个领域是给垂直的特定群体看的，还是给普罗大众看的？

来看下面这几个例子：

例如《凌乱的家庭，养不出自律的孩子》这篇文章，它的目标群体是父母。

"洞见"的很多读者都已为人父母，他们非常关注教育相关问题。如果发表在粉丝多为年轻人的公众号上，这篇文章大概率就无人问津了。

例如《中秋佳节：致我最牵挂的人》这篇文章，它的目标群体是所有人，适合所有读者阅读。

不管男女老少，每逢中秋佳节，或多或少都会有思念的情愫，每个人心里也都有自己牵挂的人，所以这个选题的覆盖人群是很广的。

很多人写作时常常都只注重"我想表达什么"而忽略了"读者需要看到什么"，而拆解选题的目标群体就是在思考"读者需要看到什么"，我们只有明确文章选题对象，才能"对症下药"，写出他们的心声或为他们提供解决问题的方法。

2. 痛点

一个选题之所以好，非常重要的一点就在于选题的"痛点"。

痛点概念最早在解释互联网产品时被提出，指的是市场不能充分满足而客户迫切需要满足的需求。新媒体文章中的痛点指的是读者极度关注、容易产生共鸣的内容。新媒体写作十分考验写作者的痛点选择能力，只有知道什么样的痛点能"戳"到读者，才能写出吸引人的内容。在拆文时拆解选题的痛点能非常好地提升痛点提取能力。

在新媒体写作中，强痛点选题需要具备以下两个要素。

第一，普适性强。内容要适合大部分人，符合普罗大众的口味，而非只会让小部分人产生共鸣。

比如"摆脱抑郁症"和"学会放下"这两个痛点虽然都与心理相关，但普适性的强弱并不同。

"摆脱抑郁症"相对来说比较小众，并不是所有人都有摆脱抑郁症的需求，但是大多数人内心都有些想要放下却又放不下的事情，大部分人都想要"学会放下"。这两个痛点相比，显然后者普适性更强。

大众的内容是更贴近读者的，小众的内容则离读者比较远，读者很难感知到更别提产生共鸣了。

比如，《断舍离，从整理自己开始》这篇文章的痛点就是断舍离，指向的是每个人都会遇到的"舍得"问题，普适性很强。

第二，落地具象。具体、形象的词汇才能被读者感知。

以"成功"和"自律"两个词为例，"成功"的范围很大，怎样才算"成功"？对此每个人都有不同的定义，定义过于模糊的词汇不利于吸引读者的注意力。

但"自律"这个词很容易让人产生具象的联想，一提到自律我们会想到克制自己，会想到好好运动、早睡早起……马上就会有画面感。

3. 主题观点

主题观点是文章的中心思想、主要脉络，它就像一面旗帜，为写作者的写作指引具体的内容方向。没有主题观点或主题观点模糊不清的文章就是没有内容方向的文章。

拆文时，厘清文章的主题观点非常有必要。我们该如何拆解主题观点呢？简单来说，就是用"一句话法则"，即想象自己向别人推荐这篇文章时，会用怎样的一句话来总结这篇文章。其最精华、最凝练的那句话就是表明这篇文章的主题观点的话，它有时在标题出现，有时在开头出现，有时到结尾才会出现，拆解的时候要根据不同文章类型来定位主题观点。

找到文章的主题观点之后，我们就可以进一步深入分析，思考该选题的价值。

拆行文结构

拆文很重要的一步就是拆行文结构。如果把写文章看成建房子，那么行文结构就是钢筋混凝土，就是房子的筋骨，它撑起了整篇文章。

行文结构即文章主体部分的行文逻辑、段落架构。拆行文结构就是从头到尾梳理文章的主体结构，找出并列举每个部分都在阐述什么观点。

行文结构主要包括以下几大板块。

开头：用来吸引读者，引出文章的主题。

第一部分、第二部分、第三部分等：最能体现文章的逻辑结构，比如并列式、递进式或其他形式。

结尾：用来升华主题。

拆行文结构时，你需要清晰掌握文章的每个板块在讲什么，分析这个结构的设计与构思好在哪里，然后用自己的话把文章大概内容说出来。

我们有篇名为《惊人的磁场定律：你是谁，就会遇见谁》的文章，这篇文章的主要观点是"你是谁，就会遇见谁"，讲的是圈子原理（见图 1-1）。

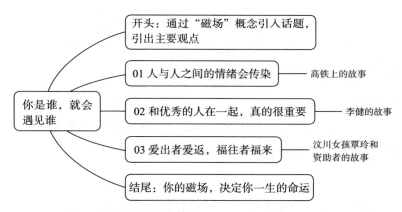

图 1-1　文章《惊人的磁场定律：你是谁，就会遇见谁》行文结构

开头：通过"磁场"概念引入话题，引出主要观点。

第一部分：通过高铁上的故事，表达"人与人之间的情绪会传染"这一观点。

第二部分：通过李健的故事，表达"和优秀的人在一起，真的很重要"这一观点。

第三部分：通过汶川女孩覃玲和资助者的故事，引出"爱出者爱返，福往者福来"这一观点。

结尾：提出"你的磁场，决定你一生的命运"，与读者共勉。

这样梳理后，这篇文章的行文结构已经一目了然，文章的逻辑结构也变得清晰。

拆素材、金句

1. 拆素材

什么是素材？素材一般指的是文章中佐证观点的故事、案例。

拆解素材的时候，我们需要找出素材，用自己的语言简单概括，然后思考下面四个问题：这个素材好在哪里；是正面还是反面论述；和主题贴合度高不高；素材新鲜度如何。

比如文章《一个人顶级的自律，是拒绝内耗》中共使用了五个不同的素材，我们把它们整理出来做简单分析。

（1）漫画素材

这是一个九宫格漫画，一个人走在阳光明媚的大街上，心情很是愉悦，可他一路走，一路担忧，最后脑子里的阴霾逐渐遮蔽了晴朗的天空。这是一个平常少见的漫画，所以是罕见的素材，在文章里作为反面素材出现。

（2）作家南川大叔和其表弟的故事素材

这个故事经常有作者写，所以比较常见，也是反面素材。

（3）渡边淳一和 O 先生的故事

这个故事比较少见，比较新，也是作为反面素材出现的。

（4）贝聿铭先生的故事

这是大家很熟悉的一个经典故事，是正面素材。

（5）视频《先干了再说》

这是比较少见的正面素材。

我们对文章使用的素材进行了梳理（见表 1-1）。

表 1-1　文章《一个人顶级的自律，是拒绝内耗》素材分析

文章素材	素材新鲜度 （常见 / 罕见）	主题贴合度 （高 / 般 / 不高）	论述方式 （正面 / 反面）
九宫格漫画	罕见	高	反面
南川大叔和其表弟的故事	常见	高	反面
渡边淳一和 O 先生的故事	罕见	高	反面
贝聿铭先生的故事	常见	高	正面
视频《先干了再说》	罕见	高	正面

分析完你会发现，这些素材不管常见还是罕见，正面还是反面，都是紧紧贴合主题的。在素材新鲜度和论述方式上，常见的、罕见的、正面的、反面的例子均有涉及，并且素材详略得当，整体布局也很不错。罕见的素材我们可以收藏在自己的素材库中，供自己下次使用。

2. 拆金句

什么是金句？金句就是短小精悍、朗朗上口，戳中读者情绪

或者引发读者思考的，能让人记住并且传播的句子。

如何找出文章中的金句？文章排版中加粗加黑，重点强调的句子，就是金句；评论区里大部分读者复制留言的原文句子，就是金句；戳中你的痛点、情绪的句子，就是金句。

拆解金句主要是为了进行金句积累，同时，分析并学习写得好的句子也有助于提升我们的文笔。

 进阶学习

三招十倍提升写作力

上面的拆文技巧可以带我们完成一篇文章的初级拆解，除此之外，拆文练习还需要进阶式的延伸学习。拆文后做以下三件事，才是你真正提升新媒体写作能力的关键。

1. 集中进行拆解和对比分析

同一类型的文章，或者写同一个热点的文章可以集中在一起进行拆解和对比分析。

拆解后集中系统地进行对比分析，比单篇拆解要有效果得多，这样做更能系统地掌握某类文章的规律。比如，在 2021 年东京奥运会火热举办之际，全国人民的注意力都在奥运会的相关话题上，"洞见"团队也产出了几篇这样的文章，阅读量达到百万级别，可以把它们放在一起进行分析。

《看了中国运动员在奥运会上这一幕，我终于明白了什么是大国格局》

《东京奥运结束第二天，我从 38 块金牌里，读到了 7 条人生真相》

我们可以把针对同一个热点从不同角度切入的文章放在一起对比。通过对比，不难发现，写热点文可以是以小见大，从某个小细节去挖掘背后的人生哲理；可以是聚焦事件中的某个人物，从人物身上挖掘可以展开的点；也可以是基于整个事件归纳罗列出一些具有普适性的观点、道理。随着积累的增多，如果再遇到这类全民性的热点选题，我们可以选择自己擅长的角度去创作。

2. 积累素材，建立模块学习思维

拆解一篇文章时，文章中的素材、金句、标题都是文章的精华，对此我们要有意识地建立模块学习思维。

比如，好的标题需要存起来并建立统一的标题库管理。我的习惯是做个表格，把自己觉得好的标题记录进去，方便学习和查看。同理，针对素材建立统一的素材库，针对金句则建立统一的金句库。

很多人经常抱怨写文章的时候找不到金句、素材，其实平时的拆文就是一个很棒的积累过程。平时多积累，写的时候勤

查阅，这样写文章自然就更高效了。

3. 做选题延伸

很多新选题都是在旧选题的基础上延伸出来的。所以，拆完一篇文章后，不要不了了之，可以在这篇文章的选题基础上想一想还能延伸的选题。

"洞见"有位作者就是在拆解《修炼自己》一文的时候，延伸出了《认清自己》《管理自己》《丰富自己》等多个"自己"系列的选题。

还有个作者看到《和正能量的人在一起，就是最好的养生》这一选题后，延伸出了《和靠谱的人在一起，就是最好的养生》《和温柔的人在一起，就是最好的养生》《和相处舒服的人在一起，就是最好的养生》等选题。

拆文是一个长期积累的过程，拆文百篇，不会写作也能写。只要坚持学习、坚持积累、坚持培养好习惯，你就一定会得到你想要的成果。

"洞见"拆文模板及示例

对于文章拆解，我们可以做一个表格形式的模板来对文章进行分析，这也是我们团队拆文时常用的模板（见表 1-2），模板中另加了语言风格这一要素。

表 1-2　"洞见"拆文模板

序号	要素	要点
1	标题	拆标题：巧用数字 / 场景代入 / 制造对比 / 设置悬念 / 借助热点和名人效应……
2	选题	目标群体 痛点 主题观点
3	行文结构	开头…… 第一部分…… 第二部分…… 第三部分…… 结尾……
4	素材、金句	素材及素材分析 金句及金句分析
5	语言风格	语言风格及语言风格分析

　　接下来，我们通过这个模板中列出的要点来拆解文章《人到中年，朋友越少，生活越好》(全文)。

标题

人到中年，朋友越少，生活越好

> 贴标签，场景带入，引发中年群体共鸣

开头

人到中年，遇到的人越来越多，圈子却越来越小。

> 通过制造对比，吸引读者产生好奇并点开文章

曾经促膝长谈、无话不说的朋友，终究都消失在人海，这难免让人伤感。

> 点明目标群体及痛点

> 贴近读者生活、具体化

但我最近读贾平凹的书，看到一句话后突然有点释怀：

"和朋友走散，其实是一件好事。"

> 开门见山，直接引出主观点

人到中年，朋友减少，其实也意味着你已经找到了自己生活的重心。

******

第一部分

01

酒局少了，但生活更好了。

> 第一部分主观点

知乎某博主分享过一段亲身经历。

每天早晨六点多，博主会起床开车送老婆去上班，然后自己再去上班。

因为喜欢写作，晚上下班以后，他还会躲在房间，在各大网站上写作，或是接几个商业广告文案，赚点外快。

> 知乎某博主的亲身经历，故事1，常见正面例子，贴合读者生活

实际上，他白天的工作收入并不算很低，就算不兼职写稿，日子照样过得下去。

但博主说，当你有了想保护的人，你就总想拼尽全力，给他们最好的。

博主最想保护的人，是他的家人。

他不想父母生病以后，害怕花钱，瞒着病情不敢告诉他。

他也希望通过努力，把孩子送进更好的学校，让孩子接受更优质的教育。

他最后有句话让我深受触动：

"我也想和朋友去喝酒、聊天、彻夜不归，可我没有这个时间，我要做事啊。

我依然在心里默默地为朋友的幸福开心，为朋友的成功喝彩。

但家里有人等我，那些走散的朋友，恕不远送了。对不住啊。"

人生半坡，你终将明白，家人比任何人都重要。

一个有责任心、有担当的中年人，绝不是每天醉倒在酒局，醒来在家里。

而是尽可能地减少应酬，陪伴家人左右。

林语堂说过："幸福人生，无非四件事：一是睡在自家床上；二是吃父母做的菜；三是听爱人讲情话；四是跟孩子做游戏。"

朋友减少，酒局少了，家人闲坐，灯火可亲，便是世间最大的幸福。

******

02

朋友少了，但关系更好了。　- - - - - - - - - - - - - ┆第二部分主
　　　　　　　　　　　　　　　　　　　　┆观点

心理研究表明，人这一生，走到头，留在身边的朋友不超过 10 个。

但现实生活中，我们却在无用社交上倾注了大量的时间。

行至中年，就该明白，这一生有三五个可以掏心窝子的朋友，就足够了。

我上大学的时候，发现父亲其实并没有多 - - - - - - - ┐
少朋友。　　　　　　　　　　　　　　　　　　　┆

每次聚会、喝酒、聊天、出去钓鱼、吹牛打牌的，都是那几个人。

而那个时候的我，特别喜欢交朋友，隔三岔五就会认识一个新朋友。

所以，我对父亲充满不屑，总觉得他的圈子太窄，每天都是和同样的几个人待在一起，生活太没劲了。

直到有一次，家里意外发生了一件事，需要用钱。

和父亲平日里玩得比较好的几位叔叔，虽然手头并不宽裕，却主动把钱借给了父亲。　　　┆父亲的故事，
　　　　　　　　　　　　　　　　　　　　　　　┆罕见的正面
也就是从那以后，我才突然明白，父亲虽　┆例子，富有
然朋友不多，但每个朋友关系都足够"铁"。　┆真实性和独
　　　　　　　　　　　　　　　　　　　　　　　┆特性
我相信父亲在年轻的时候，也跟我一样，

第二部分

身边簇拥着很多朋友，但这些朋友就像是秋后
的落叶，风一吹，就飘走了。

人到中年，面临工作和家庭的双重压力，
精力有限。

圈子变小并非坏事，可以用有限的精力，
来维系自己的小圈子。

有一位著名演员曾经说过：

"20 岁以后的朋友，都需要花时间去了解。
经过时间的沉淀，能留下五个朋友已经是人生
赢家了。"

中年以后，朋友要的是质量，而不是数量。

圈子虽小，真心就好。

******

03

世界安静了，但人更成熟了。----------- 第三部分主
观点

某综艺里有一期讲到独处，提到爱因斯坦。

爱因斯坦有个小毛病，连他的妻子也不能-------
忍受。

他经常招呼也不打，无缘无故就从家里消
失几天，所有人都找不到他。　　　　　　　爱因斯坦的
故事，罕见
正面例子

离开家以后，他去了哪里呢？

可能是躺在草地上盯着夜空中的星星发呆，

也可能在湖上泛着小舟，去思考他的那些物理学问题。

总之，每隔一段时间，爱因斯坦就需要这种属于自己的独处时间。

最后，节目主持人说：

"独处造就伟大。历史上很多伟大的成就，都是在这种独处的时刻思考出来的。"

年轻的时候，喜欢灯红酒绿，喜欢喧嚣热闹；人到中年，更享受独处的安静。

陈道明在某综艺里说过，他讨厌社交，喜欢独处。

宁可坐在椅子上安静地看会儿书，也不愿出门见很多人。

在独处的过程中，不管是看书，还是练字弹琴，都可以让他获得身心的愉悦。

钱钟书曾说："门外的繁华，不是我的 --- | 金句1 |
繁华。"

孤独令人沮丧，安静使人厚重，因为孤独是承受，安静是选择。

人到中年，看清了生活的千疮百孔，更愿意选择安静，享受孤独。

余华在《在细雨中呼喊》中写道：

"我不再装模作样地拥有很多朋友，而是回到孤单之中，以真正的我开始独自的生活。"

第三部分

世界从喧嚣到安静，学会与自己相处，是人生的必修课。

******

独处，是一个人真正走向成熟的标志。

宫崎骏说过：

"人生就是一列开往坟墓的列车，沿途上会有很多站，很难有人可以自始至终陪着你走完。当陪你的人要下车时，即使不舍也该心存感激，然后挥手道别。"

| 升华主题 |

结尾

行至中年，人生倒像一个车站，只是迎候的少，离别的多。

| 金句 2 |

你要感谢那些曾经出现在你生命中的人，是他们让你的生命丰满。

你更应感谢自己，因为你就是你的世界，你就是家庭的温暖。

宁愿独处，也不强融；宁可孤独，也不违心。

| 金句 3 |

| 点出主题观点 |

语言风格分析：

结构清晰，开头结尾简单凝练，中间三个小标题规整。

语言平实，文章没有用很高深的案例和名词，内容简单通俗，故事也很贴近读者生活，很有画面感。

第 2 章

如何进行选题策划

第1节　选题的来源和属性

新媒体写作里有一个"二八定律"，说的是一篇文章好不好，选题起到 80% 的作用。换句话说，找对了选题，文章就成功了一大半。

我们写一篇新媒体文章之前，最先思考的就是"写什么"，这个"写什么"指的就是写什么选题。选题，是一篇文章的主题思想、核心观点。

传统媒体写作对选题没有太多的限制，作家不仅可以创作天马行空的科幻作品，也能创作直抒胸臆的诗歌、深刻感人的现实主义文学等，内容基本上都是作家围绕其个人感受和表达风格进行的创作。

而新媒体写作中的选题则要从读者出发，若选题缺乏吸引力，那么文章即便写得再动人也无人问津。

我们经常收到一些投稿，很多文章会被我直接拒绝，80% 的原因就在于选题缺乏吸引力，文章写得不好尚有修改的空间，但选题一旦不好，一点修改的空间都没有。

选题是新媒体文章的灵魂所在，互联网上各类的信息那么多，读者的注意力是有限的，一眼扫过去看到主题思想和自己无关或过于无趣，读者自然会直接滑走去看别的文章。

我们的内容创作团队每周会开一次选题会，作者提前一两天寻找、设计选题，在选题会上由主编判断选题是否可行，作者在选题上花费的心思有时候甚至比花在文章上的还要多。

　　一篇好的新媒体文章，一定要先从确定一个好选题开始。

选题的灵感

1. 调动自己的生活经验

　　著名作家叶圣陶老先生说："生活是写作的源泉，源头盛而文不竭。"这句话鲜明地指出了生活对写作的意义。无论是传统媒体写作，还是新媒体写作，其实都离不开我们的生活。

　　"洞见"有位名叫纯香的作者，有段时间她自己在外地工作，朋友刚好到她工作的城市出差。朋友出差住的地方离纯香工作的地方较远，但是对方专门坐了一个多小时的车过来看她。

　　纯香说，尽管她们俩已经两年没有联系了，但是再次见面却丝毫没有拘束感，并且朋友对她的事情了如指掌。

　　这虽然只是一件小事，但纯香就捕捉到了选题的灵感并写了一篇文章:《最好的友情:各自随意，彼此在意》。

　　她在这篇文章中把自己与朋友的故事写了进去，文章非常真实、打动人，发表后各项数据也很好。

　　我还认识一个作者，她是一名 HR，有很丰富的管理经验，对职场了解得比较透彻，经常在业余时间给一些职场类公众号写文章，专攻职场文，写得特别好。

　　说这两件事是想告诉大家:其实生活本身就是一个丰富的选题库和素材库。我们自己的生活就是最好的选题来源，同时也是选题的独特优势。所以，我们在日常生活中，要多观察，多体悟，做生活的"有心人"。

源于生活的文章，永远是最打动人的。

2. 明确万事万物皆可入文

给大家分享一个小故事。

曹禺先生在清华大学担任宣传队长时，有一次坐火车去宣传，在火车上遇到了一名铁厂的工人，这名工人身材魁梧、性格粗犷，让人印象深刻。后来根据这名工人的形象，曹禺先生创作出了《雷雨》中的鲁大海。

我讲这个故事是想告诉大家，这个世界上万事万物都有可能成为选题的来源。上班路上无意听到的广播、和同事聊天时听到的故事、阅读时发现的绝妙金句，甚至是梦中闪现的场景，都可以是选题的来源。

3. 充分了解自己的天赋爱好

可能很多人会说自己没有什么写作天赋，但是真的是这样吗？

我对接过非常多的作者，发现其实大部分人都有自己的天赋。

有的人天生敏感细腻，共情能力很强，能够准确地体会身边人微妙的情感，他写情感文就特别深入人心；有的人逻辑思维能力很强，写起说理性质的文章逻辑严密，很容易说服读者；有的人对娱乐圈特别感兴趣，对明星的事情了如指掌，所以写出来的明星人物稿就很不错；有的人是宝妈，每天跟孩子斗智斗勇，积攒了特别多的亲子素材，写起亲子文来得心应手。

每个人都有自己的爱好和独一无二的天赋，你喜欢的、擅长的都可以帮助你找准自己的选题定位。只要你找准自己的选题定位，再运用一些方法和技巧，就一定能找到自己驾轻就熟的写作领域。

选题的"情理用知"属性

根据多年的新媒体内容创作经验，我发现互联网上绝大部分的内容都拥有"情、理、用、知"这四个属性，只要你掌握了这四个属性，无论是进行图文创作还是文章创作，抑或是短视频内容创作，都能找到其中的逻辑。

1. 情：情绪

情绪属性的文章很好理解，就是通过写作影响读者的情绪，能够让读者产生共鸣并认可的文章。

我给大家举几个例子。

比如《不要打扰一个心里没你的人》，这篇文章就是从情绪角度出发，写了感情中的一个痛点——对那些不在乎、不珍惜我们的人，我们没有必要去讨好和留恋，这让生活中面临这样处境的读者产生共鸣。

比如《很累的时候，别逞强，别硬扛》，这篇文章也是以情动人，抓住了别逞强、别硬扛这个角度，相信生活中那些独自打拼，习惯硬扛的人看完后会非常有共鸣。

在生活中，每个人都有宣泄情绪的需求。

如果你的文章能够替读者说出他们内心想说的话，满足他们的情绪需求，让他们感觉有人懂自己，那么他们读完一定会深有感触，然后把文章转发到朋友圈。

所以，想要写好这类文章，你需要去了解不同群体所面临的处境，设身处地想他们所想，挖掘他们的情绪痛点，然后用细腻动人的语言传递你的观点。

只要你用心观察就会发现，不同年龄段、不同群体、不同身份的人，其实有相似的情绪需求。

比如，身心尚未发育成熟的年轻人，面对成长中的种种困境容易产生各种小情绪；进入社会的成年人，经历社会的风风雨雨与人情冷暖，会有生活不易之感；需要养家糊口的中年人，上有老下有小，不由得产生人到中年的孤独感；颐养天年的老年人，回忆往事，想开、看开、放下、释怀会成为他们情绪的主基调。

以上只是从不同的年龄段分析读者的情绪需求，你也可以从其他角度分析和深挖。

2. 理：道理

"理"，指的是"道理"，也就是说理性质的文章。顾名思义，文章必须提出一个对读者的生活有用且能够被他们认同的道理。

可能很多人会疑惑，讲道理大家都会，读者怎么会被你的文章吸引呢？其实不难理解。不知道你在生活中有没有类似的体验：明明知道发脾气不好，但还是会忍不住发脾气。如果你在公众号上看到一篇文章《脾气越好的人，福气越大》，在这篇文章里作者用几个生动的故事，又跟你说了一遍"发脾气不好"这个老生常谈的道理。此时，你一定会下意识地反思你的行为，并且告诫自己，以后要更多地控制自己的情绪。

有句话说："听过很多道理，却过不好这一生。"

为什么？因为我们不是不明白道理，而是过着过着就忘记了，需要有人时时刻刻提醒我们。比如，我们都知道懒散、堕落不好，但还是会忍不住放纵自己，这就催生出了《你有多自律，就有多自由》《自律的程度，决定你人生的高度》《自律，是治愈一切的良药》等文章。我们看多了这样的文章，在潜移默化中就会改变自己，让自己变得更加自律。

说理性质的文章往往起到提醒和鞭策的作用。

那么，说理性质的文章要怎么写？

要注意以下三点。

第一，不能写得像论文一样干货满满但枯燥，我们都知道论文的知识含量很高，但是很多人闲暇时都不会去读。同理，即便是说理性质的文章，也应该写得生动一点。

第二，不能用高高在上的口吻写，我们应该站在跟读者平等的位置上，像与朋友聊天一样将道理娓娓道来，而不是用说教的口吻强行灌输"大道理"，要知道没有人喜欢被说教。

第三，不能写太浅显的道理，要写有深度、让读者有获得感的道理。比如像"努力就能成功"这样的道理尽人皆知，那你在公众号上再这么写就不太合适了，你可以写得再深入一点，比如"怎样努力才能成功""努力需要找对方向""比努力更重要的是提升认知"……

3. 用：实用

"实用"指的是我们写的内容需要对读者的生活有实际帮助，

对读者有用。

比如《暑假带孩子做这10件事，比补课强100倍》，这篇文章就给大家总结了暑假可以带孩子做的10件事，对父母来说这就是非常有用的干货。

还有《每天睡前问孩子这4个问题，孩子未来会越来越优秀》，这篇文章列举了每天睡前我们可以问孩子的4个问题，具体需要问什么作者都帮我们想好了，这也是一篇从实用的角度出发撰写的文章。

写实用类的文章要注意：干货内容要小而精，不要大而空，要对读者真正有帮助，让他们看完拿来就能用。实用类的文章如果只是泛泛而谈，那就没有价值。

4. 知：知道

"知道"是指你需要提供一个新的观点，更新读者对某一问题的看法，让他们觉得学到了新的东西，知道了新的信息，获得认知增量。这可以是一个他们之前没听过的故事，一个他们之前没掌握的方法，一个他们之前没想到的思考角度，一个给人启发的新观点……这些都是认知增量。

以《惊人的三大成功定律：荷花定律、竹子定律、金蝉定律》《你什么思维，就什么命》这两篇文章为例，第一篇文章里的荷花定律、竹子定律、金蝉定律，以及第二篇文章里的窄门思维、绿灯思维、赛点思维，都是很多读者之前没有听过的。

这样的文章相当于为读者提供了一种新的认知。这类文章的写作要点就是你的文章需要给读者提供一定的知识增量，不要写一些尽人皆知的东西，要既在深度上强于读者又在内容上贴近读者，让他们读完觉得很有收获。

第 2 节　新媒体写作四大选题公式

前面提到，新媒体写作在选题上不如传统媒体写作自由，不能想写什么就写什么，不然就是"自娱自乐式"的写作。

新媒体写作的选题除了要考虑是否有"情、理、用、知"这四个属性，还要考虑如何设计才能让文章更具有"爆文能量"，也就是戳中读者的痛点，真正打动人心。

我们常见的选题公式分为四种，分别是：爆点式选题、关系张力式选题、框架式选题、载体式选题。

当然，这四种选题公式并不是新媒体写作的全部选题公式。随着新媒体写作的发展，会有越来越多的选题公式出现，大家可以根据自己的需要进行选择。

爆点式选题：爆点 + 观点

在新媒体写作中最常出现的一个字就是"爆"。"爆文""爆款"等都是对新媒体内容创作的肯定。这里的"爆"，指的是关注度的增加甚至爆发，比如文章的阅读量、点赞量，短视频的观看量等。除了爆款内容，互联网上也存在大量爆款事件可以为我们所用，为我们写文章提供灵感。

这些爆款事件具备非常强的爆点要素，事件本身也具有非常强的讨论度和传播度，我们可以把它作为文章的选题依据，从爆点切入撰写文章，这样爆点也会存在于文章中。

我们一般将爆点分为明星热点、社会新闻、爆红综艺（影视剧）和自制故事四类，这些爆点具备非常强的能量。

《刘德华出道 40 周年直播观看破亿：原来真正的高贵，是装不出来的》，这篇文章的选题来自刘德华出道 40 周年在抖音直播破亿这一爆点，刘德华本就是一个关注度很高的热点明星，他的相关新闻也是读者比较关心的。

"刘德华直播（爆点）+ 原来真正的高贵，是装不出来的（观点）"构成了典型的爆点式选题，不仅能让对刘德华感兴趣的读者知道他的近况，还能让读者从对刘德华这一人物的分析中进行对"人品高贵"观点的思考。

《奥运会闭幕第 8 天，她就把奖牌卖掉了：背后的辛酸你不懂》，这个爆点来自社会新闻，写的是奥运会结束后的一个新闻事件：波兰女运动员玛利亚·安德烈奇克卖掉奖牌帮一个陌生男孩治病。因为这个新闻本身有惊人的反转，所以一度被网友热议。

《〈乘风破浪的姐姐〉最尴尬一幕，撕开了成年人世界的残酷真相》是该综艺热播时的一个选题，文章巧妙地借用了这个节目的热度，实现了社会话题的传播。

自制故事类的爆点比较特殊，它属于作者自己制造了一个爆点，但由于这个故事本身讲得不错，能引发讨论，所以我们也把它归为爆点选题。

比如《43 岁天价月嫂笔记：不要拿你的业余，去挑战别人吃饭的本事》，这个故事并不是来自新闻，而是来自作者身边，属于作者亲历的故事。因为"43 岁天价月嫂"本身就很有噱头，所以这是一个自制故事类的爆点。

不过如果所有的爆款事件都能为文章加分，那大家岂不是都写爆点式选题就好了？

答案并非如此。关于爆点，有"大爆点"和"小爆点"之分，事件只有爆点还不够，更要有能量，有的事件虽然有爆点但是能量低，甚至会为文章减分。

要判断一个爆点有没有能量，主要看三点。

一是有没有普适性，即这个爆点涉及的内容是否关乎每个人或大多数人；二是是否牵涉重大利益，包括：安全、财富、善恶、特定群体（中年 / 小孩 / 老师 / 外卖员）等，和重大利益相关的内容一般关注度都会更高；三是是否能引发重大情感共鸣，包括：愤怒、怀旧、愧疚、暖心、焦虑等。

关系张力式选题："人 + 他人"或"人 + 自己"

第二个选题公式是关系张力式选题。

这个世界上主要有两种人际关系：人和他人的关系、人和自己的关系。所谓的关系张力式选题，指的是有张力的、可引发强烈情感共鸣的人际关系选题。从选题属性上来说，它属于情绪类选题，而非说理类选题。

最常见的人际关系就是人与他人的关系，比如，每个人一出生就要处理与父母的关系；上学后要处理与同学的关系；步入社会后要处理与同事、朋友、恋人的关系，等等。

人与人形成了一个错综复杂的关系网，其中可能有爱和温暖，也可能有计较和算计，人的善与恶都能在人与他人的关系中体现出来。也正因为如此，这里藏着大量的痛点。

在婚姻关系中，会有委屈、失望和指责；在友情里，会有无可奈何的渐行渐远；在亲情里，也可能会有相互伤害，等等。

用人与他人的关系作为选题，文章是有情绪张力的，比如《好朋友为什么会渐行渐远，这是我听过最戳心的答案》，这篇文章讲述了一对曾经无话不谈的好友感情变得越来越淡的故事，读者看到这样的文章，会联想到那些在自己生命中已经渐行渐远的朋友，伤心、遗憾的情绪自然而然地被触发出来。

比如《不要高估你和任何人的关系》《成年人结束一段关系的方式》，这两篇文章针对的都是人际交往中的痛点，是我们在日常生活中经常面对且非常有共鸣的话题。

除了人与他人的关系，人际关系中还有人与自己的关系。

一生中，陪伴自己最久的人便是自己，我们投入大量的时间与自己相处，自然会产生和自我慰藉、自我激励相关的感悟。这些感悟基本都来自我们的成长经历，大多数人在正常情况下都会产生相同或相似的感悟。

比如《想太多，就是折磨自己》《没有一份工作不难，熬过去》，这两篇文章讲的都是自我成长中的痛点。其中，《想太多，就是折磨自己》说的是太敏感的人容易胡思乱想，给自己带来困扰；《没有一份工作不难，熬过去》描绘的是我们觉得工作很难、很辛苦、很想要放弃的心态，但是没有任何一份工作不难，熬过去才是一切。

关系张力式选题，就是我们和别人或者自己相处时普遍存在的、能戳中痛点的、有张力的、能够引起大家广泛共鸣的选题。

框架式选题：观点 1+ 观点 2+ 观点 3

框架式选题是新媒体文章中最常见的一类选题，它通常逻辑清晰且好上手写，观点为并列式结构，是新手最常采用的一类选题。框架式选题由三个或三个以上的观点组成，这些观点服务于同一个主要观点，也就是文章的主题。

比如《守住人生的低处，才是真正的高人》，这篇文章的主题是"守住人生的低处，才是真正的高人"，三个段落的观点分别为：委身低处时，藏锋守拙；身处低谷时，沉得住气；命运不济时，心怀慈悲。这三个观点是并列式结构，作者清晰地列举了处在人生低处时人的三种情况，从而论证了文章的主题。

再比如《当你不想上班的时候，想想这三个人》，这篇文章三个段落对应的对象分别是父母、爱人、孩子，既简洁又清晰。

相较于其他类型的选题，框架式选题是最简单、最容易上手的一类选题。当然，想要把这类选题写得出彩也不是一件容易的事，作者需要设计出比较新颖的观点。

载体式选题：载体＋观点

载体式选题也是现在新媒体文章中最常见的一种选题类型。载体式选题即基于某一个载体或者话题延伸出来的选题。载体形式有很多，例如，一个人、一本书、非爆点类影视等。它和爆点式选题有点相似，二者都是通过人或事件的延伸得到的选题，不同的是爆点式选题是在爆款事件上进行延伸的，爆点只在其中作为一种特殊的载体，而载体式选题的载体形式比较多，普遍存在的人或事都可以作为载体。

比如《苏轼：独处，是一个人最深刻的修行》《杨绛：没有如意的生活，只有看开的自己》，这两篇文章中都增加了人物载体。其实《独处，是一个人最深刻的修行》《没有如意的生活，只有看开的自己》这两个选题单独写都不是很出彩，属于比较老旧的选题。但是因为增加了"苏轼""杨绛"这样的人物载体，用苏轼、杨绛的经历作为素材，不仅输出了观点，还让读者读到名人故事，文章整体就显得更有分量。

除了人物载体，书籍载体也是一种不错的形式，像"洞见"的"名著"专栏和"每晚一卷书"的"读书"专栏，发表的都是以书籍作为载体的文章。

又比如《〈红楼梦〉家有四样，不败也亡》《读完〈平凡的世界〉，我明白了人为什么要读书》这两篇文章，一篇以《红楼梦》作为载体，一篇以《平凡的世界》作为载体，读者在读文章的同时也了解了书中的相关信息。

载体式选题除了最常见的以人物和书籍为载体，还可以以非爆点类影视作为载体。

比如《看了 10 遍〈肖申克的救赎〉，总结出这 6 条人生精华，句句戳心》，这篇文章就是以经典电影《肖申克的救赎》作为载体，从这部电影中总结出 6 条人生道理。

还有《26 年后再看〈情书〉我陷入沉思：幸好还来得及领悟，关于感情的 3 个真相》，这篇文章则是以经典电影《情书》为载体，从这部电影里总结出关于感情的 3 个真相。

载体式选题因为有了载体的加持，文章的丰富度、可看度增加了不少。大家能够一边看故事，一边轻轻松松地就把文章看完。

载体式选题很适合平时素材积累丰富的写作者，如果你平时看书比较多或者经常看电影、电视剧，就可以基于载体式选题，把文章当成书评、影评来写。

第 3 节　策划优质选题的五个黄金法则

前面我们提到了选题的属性、打造选题的公式，接下来进入策划选题的环节，设计选题的时候，一定要注意以下几个要点。

选题要有普适性

第一个黄金法则，选题必须具备普适性。普适性指的是这个选题一定是大多数人关注的，因为这决定了一篇文章的潜在读者会有多少。

比如有一篇名为《离婚女人重组家庭，需要考虑这三件事》的文章，大家可以想一下这个选题有没有可能成为爆款，它的受众群体是哪些人，是不是那些离了婚并且打算重组家庭的女性，才可能会看这篇文章？这是一个比较小众的选题，很难产生较高的阅读量。

不知道大家有没有发现，网上有很多关于成年人的文章，比如《成年人的绝交，都是静悄悄的》《成年人的妥协：一半是理解，一半是算了》等，阅读量都还不错。

我们同样可以思考一下，这些选题的受众群体是哪些人，是不是所有的成年人都属于它的受众群体，都可能会点开这篇文章。

判断一个选题会不会成为爆款，最先要考虑的就是它的普适性。

选题要切中痛点

人们总会不由自主地关注一些自己恐惧的事情。比如经济窘迫、小孩不出色、事业不成功、伴侣不爱自己等。

所以策划优质选题的第二个黄金法则是要切中读者的痛点。

像下面这些爆文，都切中了读者的某个痛点。

以教育中的痛点为例。

《医生也救不了那个患抑郁症的女孩：孩子已经变了，家长却还没跟上》对应的是教育中孩子心理健康这一痛点。如果关注教育，你会发现近些年来孩子因为心理问题而做出极端行为的新闻越来越多。看到这些新闻，家长很难不代入自己的孩子，担心自己的孩子是否会有类似的问题。这篇文章就是直面家长心中的这种恐惧。

《任何事业的成功，都弥补不了你教育孩子的失败（此文无价）》对应的则是陪伴这一痛点。看到这个标题，很多忙于工作、较少陪伴孩子的父母，一定会很担心，因为这就是他们在家庭教育中面临的两难问题。

《"顶嘴"与"不顶嘴"的孩子，20 年后差距明显，父母别不在意》直面的是孩子顶嘴这一让很多父母都头疼的问题——当孩子顶嘴的时候，父母该怎么做呢？这篇文章告诉家长，正确处理孩子顶嘴的方式应该是怎样的。

再以健康中的痛点为例。很多年轻人养成了熬夜的习惯，但"保温杯里泡枸杞"能够成为他们的生活常态，又说明他们仍然担心自己的身体健康问题。

又比如人际交往中的痛点。《朋友圈潜规则：我不会删你，也不会再联系你》指出了成年人的绝交，不是轰轰烈烈的，只是彼此默契地不再说话；《不要高估你和任何人的关系》指出了人们容易高估自己的重要性这一事实；《不占便宜是教养，人情往来是修养》则说明了不占便宜、人情往来都是人际交往中的潜规则。

选题要引发共鸣

前面我们说到了新媒体文章需具备的三类价值感，其中第一类就是情绪价值。如果我们的文章能够引发读者的共鸣，能替读者抒发内心的某种情感或情绪，那么这样的选题，就是很不错的选题。

大家可以看一下这几个例子。

每个人都会有身处低谷之际，此时难免会看尽世态炎凉。《人在低谷时，不要打扰任何人》这篇文章既写出了人在低谷时的无奈，让读者能够感同身受，同时又给予读者一些慰藉，让读者相信自己默默熬过去，就会迎来晴天。

同样，职场人多多少少都会有受委屈的时候，也会有对工作感到厌倦甚至想放弃的时候。因此《没有一份工作是不委屈的，唯有成长可以治愈》这个选题，也是很能引起读者共鸣的。

选题要有讨论度

一个没人感兴趣的话题和一个大家都在关注、讨论的话题，哪一个更容易写出爆款文章？

答案显而易见。有句话说："通往阅读量'10万+'的最短路径，就是写热点。"这句话不无道理，因为热点本身就自带流量，是大家广泛关注和讨论的事情。

比如"奥运会"就属于全民热点，围绕"郎平退役""奥运会最苦冠军"等讨论度非常高的话题，作者们从不同的角度挖掘新的选题，相继出现了《郎平，这次是真的再见了》《惊天大反转！本届奥运"最苦冠军"看哭全网：他若不红，天理难容》等文章。

同理，一些新媒体写作者还懂得从社会热点中挖掘很多感人的事件，这些选题也容易出爆款文章。

选题要提供新知

选题最好为读者提供一些新的东西。每个人都渴望变得更好，很多读者利用碎片化时间阅读公众号文章，除了感兴趣，还希望从中学到些东西。如果我们的文章能让读者看完之后，觉得有收获，学到一些新知识，那么这篇文章就有成为爆款的可能。

比如，《人与人之间最大的差距，不是情商和智商，而是"思维模型"》，这篇文章容易引起读者的好奇：什么是思维模型？什么样的思维模型这么厉害，比情商和智商都要重要？那我肯定要学一学。

又如，《惊人的三大强者定律：螃蟹定律、蘑菇定律、跳蚤定律》中提出的三大强者定律，可能读者之前都没有看过，会觉得很新颖，想要学习一下。

有新知的选题能让文章更有生命力。

第 4 节　选题创新的两大技巧

无论是刚入门的新人编辑，还是资深的新媒体编辑，都要解决一大难点——选题创新。

要想做出一个好选题，选题创新必不可少。如果读者天天看同样的东西，难免会觉得无趣。只有那些让他们觉得眼前一亮、没有看过的东西，才能吸引他们的关注。

选题应该如何创新呢？简单概括起来就是一句话：人无我有，人有我优。

人无我有——创新

"人无我有"就是写少见甚至别人闻所未闻的观点，发"惊人之论"。这里可以给大家提供几种能让人创新的思维。

1. 否定思维

即别人说 A 好，我就说 A 不好。

不知道大家有没有发现，很多"俗话"都曾被奉为金玉良言，每句话单看都颇有道理，但放在一起比较就会发现，它们很明显是互相矛盾的。具体如下。

俗话说："兔子不吃窝边草。"可俗话又说："近水楼台先得月。"

俗话说："宰相肚里能撑船。"可俗话又说："有仇不报非君子。"

俗话说："人不犯我，我不犯人。"可俗话又说："先下手为强，后下手遭殃。"

俗话说："男子汉大丈夫，宁死不屈。"可俗话又说："男子汉大丈夫，能屈能伸。"

俗话说："知无不言，言无不尽。"可俗话又说："交浅勿言深，沉默是金。"

俗话说："车到山前必有路。"可俗话又说："不撞南墙不回头。"

俗话说："条条大路通罗马。"可俗话又说："一条道走到黑。"

俗话说："礼轻情意重。"可俗话又说："礼多人不怪。"

俗话说："一个好汉三个帮。"可俗话又说："靠人不如靠己。"

所以观点不是非黑即白的，而是在一定条件、场景、范围内相对正确的。

很多时候我们改变一个观点的使用场景就会发现这个观点的反面观点，同样是行得通的。

比如，《善良，是人一生最好的"风水"》和《太善良的人，是一场灾难》；《好的生活，都是忙出来的》和《毁掉一个人最隐蔽的方式，是"忙杀"》；《做人，该翻脸时翻脸》和《讨厌一个人，用不着翻脸》这几篇对比文章很多自媒体平台都发过，它们看起来是完全相反的观点，但是放在不同的条件、场景下，这些观点都是成立的，只要能够自圆其说就能与读者产生共鸣。

这就给我们提供了一种思路，当一个观点已经被许多人写过的时候，我们不妨用"否定思维"来思考，从它的反面来写，这样会给人耳目一新的感觉。

不过要注意的是，"否定思维"也不是为了否定而否定，价值观要正确，观点要站得住脚并且阐明观点的论据能够自圆其说。

2. 类比思维

即别人说 A 好，我则说 B 好。

给大家举两个例子：《人生最好的投资：选对妻子》和《先有

好丈夫，才有好家庭》；《如果你不想工作了，就去这 4 个地方走走》和《如果孩子不想读书了，就带他去这 3 个地方看看》。

上面这两组选题就是通过"类比思维"找到的，选题《人生最好的投资：选对妻子》强调一个家庭中有一个好妻子的重要性。同样，我们也可以联想到好丈夫的重要性，进而联想到选题《先有好丈夫，才有好家庭》。

《当你不想工作了，就去这 4 个地方走走》这个选题是出过爆款文章的，我们可以给它换个场景，比如《当孩子不想读书了，就带他去这 3 个地方看看》，这样迁移一下场景，同样也能得到一个不错的选题。

通过使用类比思维，我们可以找到很多选题，有些选题本身是出过爆款文章的，换一个关键词、换一个场景，你同样可以写出一篇不错的文章。

3. 金句思维

"金句思维"是把一个选题提炼成简洁精练、吸引眼球的句子，这个方法适用于包装一些一直广受关注但是表述比较老旧的选题。

怎样才能写出金句呢？这里给大家提供几个小方法。

（1）提炼

即把一些句子提炼为精简有力的表达。具体如下。

《勤，决定命运；德，改变人生》——勤奋的人，能改变命运；品德高尚的人，能改变人生。

《认知水平越低，人越固执》——一个人的认知水平越低，其想法就越单一，越缺乏判断力，人就会表现得越固执。

《经营自己》——如果把人生比作一家企业，我们就是自己这家企业最好的管理者。

上面三组选题的本质是一样的，左边的选题是通过右边的句子提炼而来的，提炼过后的选题，观点一目了然，表达更加鲜明，读者一看马上知道文章想讲什么。

（2）引用

不管是俗语还是网络金句，其实都有很多精辟的句子，如果适合作为选题，我们就可以引用。

比如《李宗盛〈晚婚〉爆火：最怕在某个年纪，突然听懂一首歌》，热评："丈夫丈夫，一丈之内才是夫"，即引用了俗语。

（3）化用

"化用"就是借用别人作品中的句子，根据自身表达的需要重新整合、灵活运用。比如《困在笼子里的鸟》化用书名《装在套子里的人》；《金庸：笑傲江湖成绝响，人间再无侠客行》借用诗句"小李飞刀成绝响，人间不见楚留香"，同样都获得了不错的效果。

4. 圈层思维

"圈层思维"需要我们观察不同圈层的人感兴趣的话题是什么，关心的事情是什么以及他们的痛点在哪里，并把它们提炼成一个选题。

当你发布针对某一圈层的文章后，身处这个圈层的人会点进来看看你说的内容对不对，如果觉得说得很对，他们就会点赞，同时转发文章到朋友圈，而他们朋友圈里的人也会看文章继续转发。

人有我优——微创新

微信公众号从诞生到现在已有 10 多年，大多数观点和角度已被发掘出来，想再找到好的话题和角度，可以说难上加难。但是有些话题从始至终都是受关注的、被认可的、永远可以成为痛点的，那就是我们说的常青选题。

常见的常青选题如下。

生活方式类：自律、断舍离、独处、早起、熬夜、运动……

人际交往类：分寸、脾气、合群、情绪、说话、朋友圈……

个人成长类：认知、层次、定律、格局、读书……

品质修养类：善良、诚实、人品好、有教养……

情感共鸣类：中年危机、工作压力大、孤独、全职妈妈的辛酸……

婚姻两性类：失语症、门当户对、丧偶式育儿……

我们只要对这些常青选题稍加创新，就能形成自己独一无二的观点。

那么，怎样对这些选题进行微创新呢？大家可以用加法思维、对比思维和否定思维进行思考。

1. 加法思维

一个选题本身比较老旧的话，我们可以考虑给它增加点东西，让文章有增量。最常见的有加载体和加爆点两种方式。

（1）加载体：加人物、书籍、电影、电视剧等

比如同样的选题，给它加一个人物、加一本书、加一部电影，或者加一部电视剧。

像《莫言：人生最坏的结果，不过是大器晚成》《曾国藩：早起，是顶级的自律》，这两篇文章的选题单独写其实都不是很有新意，添加了人物载体之后，就显得比较新鲜，而且有知识增量了。

除了加人物载体，还可以加书籍载体，像"洞见"的"名著"专栏就以书籍为载体写文章。比如《〈解忧杂货铺〉：真正的成熟，是做自己的摆渡人》，这篇文章就选取了《解忧杂货铺》这本书作为载体。

此外，新的热播剧和热播电影也是很好的载体，如《〈三十而已〉大结局曝光：人一生最该看透，这 12 条扎心真相》。

（2）加爆点：加热点新闻、爆红综艺、明星热点、自制故事等

爆点主要包括社会新闻、爆红综艺、明星热点、自制故事等。比如《〈乘风破浪的姐姐〉收官，我看清了成年人世界 8 条扎心真相》，这篇文章以当时爆红的综艺节目《乘风破浪的姐姐》作为爆点。

《×× 出事那天，某某某也上热搜了》，这篇文章以 ×× 和某某某作为爆点。

《凌晨 2 点，她发了一条仅自己可见的朋友圈：远嫁 10 年，我终于输了》，这篇文章的开头则以作者自制的故事作为爆点。

2. 对比思维

很多文章结构比较单一，即通过一个爆点，得出一个观点，

再用另一个事件论证这个观点。

对比思维则是利用两个或两个以上比较有可比性的人物或事件，形成对比和冲击，这在形式上也算是一种微创新。

对比思维，可以是正反对比，也可以是正正对比。

"正反对比"是把一个正面的例子和一个反面例子结合起来写，通过一正一反，形成反差。

比如《15张图告诉你，什么才是最高级的家庭教育》，这篇文章通过一正一反的对比，能够让读者意识到不同的亲子沟通方式产生的影响，引人深思。

"正正对比"是把一些正面的人物、事件结合起来写，并从中归纳出一些共同点。

比如《中国"顶级天团"的家世背景曝光，原来这才是他们厉害的真相》，这篇文章选取了备受关注和喜爱的公众人物，挖掘他们厉害的真相，总结他们身上的共同特点——相信读书的力量、享受不合群、做一个长期主义者等，以这些公众人物的共同经历打动读者，增强文章说服力。

3. 否定思维

在表达上，否定句式会比肯定句式更有力，一般情况下否定句式的标题也会比肯定句式的标题点击率高一些。

常见的否定句式中包括如"不要……""收起……""拒绝……""远离……""停止……"等词。

因此，我们可以利用这一点，把一些肯定向的选题改成否定向的。具体如下。

《你的格局，决定结局》和《人没格局，比没钱更可怕》；《真正成熟的人，看什么都顺眼》和《你看不惯别人，是自己格局太小》。

这两组选题就是在表达方式上把肯定句式改成了否定句式，选题的内核不变，但是侧重点发生了变化，这也算是微创新的一种方式。

第 3 章

如何梳理文章框架

第1节 设计文章框架的方法

我们团队的选题会要求作者提交的选题除了要写清文章的主题观点，还要清晰设计出选题文章的写作框架。

写作框架是一篇文章里不可忽视的一环，它就像人的骨架一样重要，只有骨架正了，一个人的形象才会好。

一篇文章的写作框架也决定了这篇文章的样子，如果内文是并列式结构，那么可能是观点突出、清晰明了的文章，如果内文是递进式结构，文章中的情绪可能会更强烈、更有节奏感。

新手常见写作结构问题

新手写作时，经常遇到的问题是散、乱、套路化。

1. 散：结构松散，文章像流水账，分不清重点

很多人在写作的时候格外关注文章字数，总觉得写得越多文章就能写得越好，本来500字能讲完的故事，洋洋洒洒写了上千字，文章写得拖拖拉拉，像流水账一样，让人抓不住重点。

2. 乱：逻辑混乱，想到哪里写到哪里

很多人行文没有逻辑，一会儿说东，一会儿说西，没有紧扣主题来写，读者读完也不清楚文章想表达什么。

比如，有的人想体现鲁迅先生认真刻苦的精神，却一会儿写他刻"早"的故事，一会儿又写他和妻子许广平的爱情故事，让人看不懂文章到底想表达什么。

3. 套路化：写作模式单一，文章套路化

很多人掌握一个文章结构后，就会一直用同一个结构，只更换素材和论点，其他都不变，文章千篇一律，缺少惊喜感。

三个基础写作结构

接下来介绍三个新媒体写作新手也能快速上手的基础写作结构，以解决以上散、乱、套路化的问题，从而写出逻辑清晰的好文章。

1. 三明治结构

三明治结构是新媒体文章里最基础的写作结构，它就是人们常说的"三段论"或者"总—分—总"结构。这种结构写法简单：首先在开头提出一个主要观点，接着在中间列举三个及以上分论点，并用具体事例来论证自己的观点，最后在结尾与开头呼应，升华文章主题（见图 3-1）。

三明治结构的优点在于结构清晰，观点一目了然，首尾呼应，中间多个论据支撑观点，加深读者对观点的印象，增强观点说服力。这是议论文的基础结构，也符合读者在新媒体平台上的阅读习惯，能让读者在短时间内快速了解文章主题。

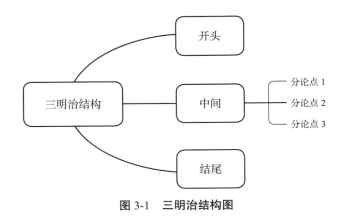

图 3-1　三明治结构图

比如,《稻盛和夫：厌了一份工作,先不要辞职》这篇文章就是典型的三明治结构文章,我们来看一下这篇文章的结构(见图 3-2)。

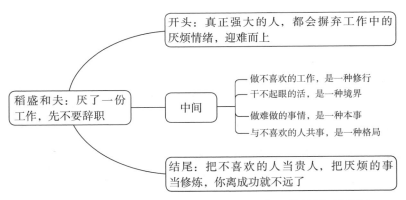

图 3-2　文章《稻盛和夫：厌了一份工作,先不要辞职》结构图

这篇文章开头总领全文,点出主题：真正强大的人,都会摒弃工作中的厌烦情绪,迎难而上。

中间四个小标题分别是：做不喜欢的工作,是一种修行；干不起眼的活，是一种境界；做难做的事情，是一种本事；与不喜欢的人共事，是一种格局。

这四个观点都是对待工作中的困难点的态度，也是每个职场人都有可能对工作产生厌烦情绪的原因，作者把这四个原因一一写出来，让读者感同身受，被作者的观点说服。结尾以"把不喜欢的人当贵人，把厌烦的事当修炼，你离成功就不远了"点题。这篇文章无论是开头、中间还是结尾，都紧紧扣住"积极对待工作中的厌烦情绪"这一主旨。

在使用三明治结构写文章时，需要注意以下两点。

（1）分论点逻辑要清晰

正文中的分论点结构，可以选择并列式或递进式。

如果使用并列式结构，分论点之间需界限清晰，角度彼此不重复，保证每个角度都是从不同的维度解答主题，但所列的论点都要服务于同一个主题。

比如《深到骨子里的高贵，是没有身份感》，文章主题是"真正厉害的人，往往没有身份感"，我把作者初稿和终稿的分论点对比分享给大家（见表 3-1）。

表 3-1　《深到骨子里的高贵，是没有身份感》初稿、终稿分论点对比

初稿	终稿
没有身份感，是一种强大 没有身份感，是一种伟大 没有身份感，是一种高明	没有身份感，是一种见识 没有身份感，是一种强大 没有身份感，是一种谦卑

初稿的分论点提出的"强大"和"伟大"强调的都是精神力

量，呈现的面相对单一，不容易写出层次感。

终稿的分论点提出的"见识""强大""谦卑"则侧重点各有不同，这才是有效论述，显得文章更加充实、丰满，读者才会被说服。

递进式结构是指分论点层层深入、步步推进。

比如，文章《一个人真正的强大，从断舍离开始》正文的三个分论点分别为"你想要的越多，麻烦也就越多""真正厉害的人，都在给生活做减法""内心越是丰盈，生活越是素简"。

这三个分论点就是层层递进的，所表达的观点也是一步一步深入的。

第一段，描述现象"你想要的越多，麻烦也就越多"；第二段，论述面对上一段的现象，应该怎么做，即"真正厉害的人，都在给生活做减法"；第三段，对主题进行拔高和升华，上升到一个精神高度"内心越是丰盈，生活越是素简"。

并列式结构的每个分论点给读者的感受都比较平均，每个分论点的力度都差不多，而递进式结构则是慢慢加重力量，让读者一点点深入，认同观点。

（2）小标题出彩更加分

文章的小标题是结构的体现，小标题的设计也很重要，小标题取得好能吸引读者不停地看下去，要知道新媒体文章的读者如果看到一半觉得文章写得一般，随时都可能关闭页面去浏览其他信息。

比如《35岁以后，请过松弛的生活》，这篇文章的小标题就有一般版和进阶版（见表3-2）。

这篇文章的小标题的观点是"心态松弛、精神松弛、节奏松弛"，最直接的表述就是用观点直接作为小标题。但对比后我们发现，进阶版的小标题增加了"不焦虑、不内耗、不紧绷"。现代人生活节奏快、压力大，焦虑、内耗、紧绷都是常态，看到"不焦虑""不内耗""不紧绷"这些词，人的心情会不自觉地放松下来。未必每个人都想要心态松弛，但是几乎所有人都想要不焦虑，进阶版的小标题就给读者增加了这种期待，这样文章小标题的吸引力自然大大增加了。

表 3-2　文章《35 岁以后，请过松弛的生活》的小标题对比

一般版小标题	进阶版小标题
心态松弛	心态松弛，不焦虑
精神松弛	精神松弛，不内耗
节奏松弛	节奏松弛，不紧绷

2. 对比结构

第二个基础写作结构是对比结构（见图 3-3）。

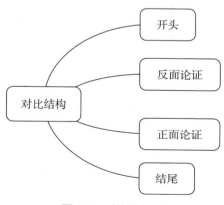

图 3-3　对比结构图

对比结构即在第一段抛出主要观点，在第二段用反面事例论证观点，在第三段用正面事例论证观点，最后一段总结观点升华主要观点，有时在对比论述后也会有方法论。

对比结构的优点是好上手，并且通过两个方面的对比，凸显其中一个方面的正确性，使文章的观点更有张力和说服力。

以《养出感恩的孩子，是父母一生的福气》一文为例（见图3-4）。

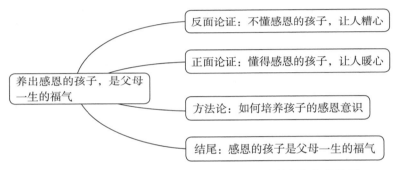

图 3-4　文章《养出感恩的孩子，是父母一生的福气》结构图

第一部分：反面事例，讲一个不懂感恩的孩子的故事，让人糟心。

第二部分：正面事例，讲一个懂得感恩的孩子的故事，让人暖心。

第三部分：提出方法论和小建议——如何培养孩子的感恩意识。

第四部分：呼应主题，总结观点"感恩的孩子是父母一生的福气"。

这篇文章通过对比"不懂感恩的孩子"和"懂得感恩的孩子",突出了孩子懂得感恩的重要性。

大部分人肯定希望自己的孩子是文中"懂得感恩"的孩子,这样一正一反的对比会让读者更有共鸣感。

分享正反事例后给读者提供一些方法论,教会读者如何在生活中培养孩子的感恩意识,读者就会觉得获得了干货和更多的信息量,从而认可文章,并转发分享,促成文章的二次转化。

使用对比结构时,有三个需要注意的点。

(1)建议先写反面事例,再写正面事例

一般在对比结构中,先写反面事例,再写正面事例,情绪对比会更加鲜明。其原理有点类似"先苦后甜",在反面事例的衬托、对比下,正面事例才会更加突出。当然这点并不绝对,因为不同文章的情况不一样,要结合具体情况进行分析。

(2)反面事例最好不要多于正面事例

在新媒体文章中,正面事例的价值观传播度会更广。

新媒体文章的传播主要依赖社交媒体,几乎每个人都会在乎自己的社交媒体形象,一般情况下,大家不喜欢在朋友圈分享负能量、戾气重的内容,但会分享一些温暖、治愈、正能量的内容,所以,从用户思维反推,我们在写作时也要注意这一点,多写正面事例,正面内容。

如果一篇文章中反面事例太多,没有正面事例,负能量就太强了,文章转发量就会降低。因此在对比论述时,要注意控制正反论述的比例,不能让反面事例多于正面事例。

（3）结尾尽量给读者一些实用的方法论

在对比论述中，我们常常会在结尾给读者一些具体的方法论来增加文章的信息增量，提升文章价值。

想写好文章，作者不仅要能通过现象发现问题、分析问题，也要学会解决问题。在分析完利弊后，给读者提供行之有效的方法论，起到温暖、治愈、帮助的作用，读者才会愿意转发、分享文章，反哺文章数据。

3. 罗列式结构

第三个基础写作结构是罗列式结构，体现为根据文章的主题进行细分点罗列。

罗列式结构和三明治结构中的并列式有点像，都是角度彼此不重复地进行分论点的罗列，不一样的是罗列式结构中罗列的点较多、较简单，可以不用过多深入论证，同时，罗列式结构不一定是罗列观点，还可以是罗列图片素材等。

这类写作结构的优点在于好写成，而且相同的观点或素材反复出现，排列在文章中，能够起到增强语气、强调内容的作用，有极强的说服力。

常用的罗列式结构主要包括多点罗列和图片素材罗列两种。

（1）多点罗列

多点罗列指的是罗列观点，文章整体更偏向提供干货和说理，这种结构在"洞见"的文章中就经常出现，比如《自律的力量》一文的结构（见图3-5）。

这篇文章开头中出现次数最多的词汇就是"自律"，主题很明确。

开头直接提及自律的重要性，接着从"自律"这个点，展开论述各种各样的自律——"容貌自律、言语自律、品行自律、感情自律、情绪自律、心态自律、灵魂自律"。你会发现这种结构的文章思路清晰，论点全面，多个论点里总有一个点能够戳到读者的痛点。

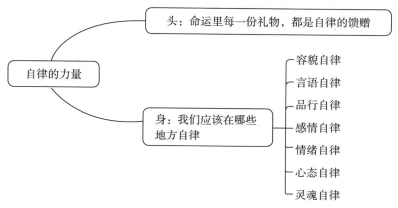

图 3-5 《自律的力量》文章结构图

除此之外，还有另外一种更偏列表型的文章，围绕一个主题提供 10 种以上方法论。

例如《快乐生活的 18 条法则》《一个人走上坡路的 10 种迹象》《为人处世必备的 35 个道理》等，这类文章的优点在于写起来容易，不需要太强的逻辑，而且每个论点都简单易懂，信息量大，贴合读者实际生活，所以读者读起来很快，有代入感和收获感。

比如文章《快乐生活的 18 条法则》里就提到：人要想快乐生活，可以学着去精简圈子、专注 10%、日行一善、日扔一物、学会不说等，这些方法都很具体、可落地，读者看完不仅能够马上行动起来，也会觉得它们适用性强，会想把文章转发给亲朋好友，所以，这类文章的转发量就会比较好。

《人生不可不知的 20 条歪理，歪得很有道理》《越活越年轻的10 个好习惯，请逼自己养成》《一个人走上坡路的 8 个习惯》《让生活越来越精致的 10 件小事》等文章也是同理。

（2）图片素材罗列

除了罗列观点，还有一种罗列图片的方式，这种结构一般采用"图片素材罗列 + 文字辅助解释说明"的组合形式。

大家都知道，图片相较于文字，视觉震撼感更强，更有画面感和感染力，也更容易出爆款文章。

多年前刷屏的阅读量千万级爆款文章《谢谢你爱我》正是利用罗列图片素材的方式，呈现了世间存在着的平凡的善良和温暖，让人看得热泪盈眶。

"洞见"之前发布的一篇爆款文章《河南人朋友圈流传的 12张照片，暴露了藏在中国人骨子里的高贵》也采用了这样的方式，文章整合罗列了河南水灾时的感人图集，鲜活的画面加上文字的辅助解释和一些金句，让人印象深刻、记忆点明晰、情绪力量集中。

当然，这种结构不仅可以用于"感动"这个情绪，新媒体文章中也有触动用户转发的其他情绪，比如，喜悦、愤怒、惊叹、同情等，抓住其中一个，进行图片素材罗列的文章也有很多。

比如《上海妈妈辅导女儿作业被气疯，外婆拿出 23 年前考卷无情嘲笑：你也有今天》，这篇文章通过罗列有趣的素材，反映了父母辅导孩子写作业的不容易，让家长产生共鸣。再比如《什么是丽江？》，这篇文章通过美图，将丽江壮丽的风景呈现出来，不仅令人心驰神往，也令人惊叹。

第 2 节　千万级大号编辑常用的写作框架

上一节介绍了三个基础写作结构："三明治结构""对比结构""罗列式结构"，这三个写作结构能够让文章逻辑清晰、结构完整。

新媒体文章的作者常用的写作结构还有两个进阶写作结构，分别是"SCQA 结构"和"故事类结构"，二者既可以和基础写作结构叠加使用，也可以单独使用。

相较于基础写作结构，进阶写作结构更加复杂，需要设计与思考的细节更多，但写出来的文章也会更有层次，更吸引人。

SCQA 结构

"SCQA 结构"来自芭芭拉·明托的《金字塔原理》一书，是一个结构化表达工具，通常用于市场销售用语、日常沟通表达。它同样也可以用到写作中，能够帮我们很好地梳理写作思路。

"SCQA 结构"由情境（situation）、冲突（complication）、疑问（question）、回答（answer）这四个词的英文单词首字母组成。

S：由大家都熟悉的情境、事实、背景引入。情境中的"情"指的是由外界事物引起的喜怒哀乐等情感。"境"指的是环境、身临其境、状况、境况、顺境、逆境、困境等，简单来说，就是"所处的情况"。

C：现实情况往往和我们的需求有冲突，且冲突是对立的、互不包容、相违背的。

Q：为什么会出现这样的问题？

A：我们应该如何解决这个问题？

"SCQA 结构"也是我们平日里常挂在嘴边的"提出问题—分析问题—解决问题"结构。这个结构的优势在于，它会引导你一直站在读者的角度考虑问题，而非自说自话。从写作的角度来看，写作者既可以利用这一结构提升读者的兴趣，也可以让文章更有说服力，透过现象看本质，层层递进地思考，充分调动读者的情绪，从而产生共鸣。

这个结构比较考验作者的逻辑能力和素材论证能力，经常用于讨论一些社会问题或社会事件，是一个很容易写出爆款文章的结构，可以借此看出作者对社会现象的洞察力，一步步深挖下去，针对社会现象引发读者的思考，但此结构不适合用于写温暖治愈的散文。

很多新手在写作的时候只有一个观点，经常一开头就直接告诉大家"你要怎么做""什么是最高级的智慧"等，直接抛给大家一堆道理，再用素材论证这个道理，这样的文章说理性比较弱，也很模式化，写多了容易让读者觉得缺少新意。

学会"SCQA 结构"后，我们就可以更深入地挖掘读者内在的痛点，写出更有深度，更有价值的文章。

以《儿子高考 630 分，妈妈一条朋友圈让所有人心酸：你考得越好，我越难过……》为例，这篇文章讲的是为人父母如何看待孩子成长并正确面对分离的故事。

下面，我们围绕"SCQA 结构"的四个要素，来拆解这篇文章的逻辑。

S（情境）：**引入事实。**同事玲姐的儿子参加高考并取得了 630 分的好成绩，白天的玲姐高兴地跟同事分享，午夜 12 点却发了一条朋友圈，说自己"翻来覆去睡不着……一想到他要去那么远的地方读书，就莫名失落"，在引发无数父母共鸣的同时引出文章主题：父母与孩子这一生的缘分，深深浅浅，最终却都指向了两个字——分离。

C（冲突）：**讲述矛盾。**以出生、7 岁（上小学）、13 岁（上初中）、16 岁（上高中）、19 岁（高考）为核心时间点，抽取核心要素，讲述父母与孩子的相处要点，包括柔软与坚强、温柔与严厉、隐私与管束等矛盾冲突。借助生活化的情境描述和情感表述，冲突在拉近与读者距离的同时让大家意识到问题的共通性，联想到自己以及家人。尤其是那句"原来，作为一个母亲，我正在一点一点退出他的人生主舞台……"，让人伤感。

Q（疑问）：**思考原因。**为什么会出现这样的情况？看到这里，读者也开始感到疑惑并希望知道背后的原因。在这篇文章中，作者的思考是和冲突部分同期展开的，并在故事的后半部分得到了升华。

　　A（回答）：给出观点。给出答案和解决方案，提出主要观点。文章提出"养育一个孩子，就是一场渐行渐远的目送"这一主题，提出为人父母就是在孩子取得成绩时真心鼓掌，在孩子踏上梦想之路时微笑着挥别，并在"把爱与关心揉进日常的每一个工作，每一句话语，每一个微笑里，别让这份爱留下遗憾"中收尾。

　　写这类逻辑性比较强的文章需要注意三点。

　　一是需要多搜集新闻素材。这类与社会热点相关的话题需要用数量较多的社会新闻素材来论证。

　　以一个社会新闻为例，大家可能没有什么明确的感知，但如果以几个社会新闻为例，冲击力就强很多。如果可以，最好附上一些数据做支撑，说服力更强。

　　二是深挖人的内心，与读者产生联系。所有能引发讨论、热议的社会问题，都源于人们对自身的担忧。所以，我们在写这类文章的时候，不能过于抽象，要结合读者自身的具体情况。比如养老尽孝的话题，和读者产生的联系是让读者联想到自己的父母甚至自己年老后的情况。

　　再如，社会上路人被骚扰或遭殴打的社会新闻，和读者产生的联系是让读者产生恐惧和愤怒，担心自身的安全以及家人、朋友的处境等。抓住人们的痛点，与之产生联系，才能真正写到读者心里。

　　三是要注重结尾的写作，结尾决定转发。很多新手在写这类文章的时候，开头写得激情洋溢，结尾却草草结束。这是因为在动笔前没有列好大纲，甚至针对这个现象也提不出什么合理的建议和方法。导致文章只写了情况—冲突—问题，漏掉了提供方法的环节，把问题抛给读者自己思考。

写这篇文章的意义是什么？读者从中能收获什么？这些都需要写作者在写作前思考清楚。

故事类结构

第二个进阶写作结构是故事类结构。

大多数新媒体文章，故事和理论都会各占一定比例，其中故事占整篇文章 80% 篇幅的文章称为故事体文章。

不管是传统媒体还是新媒体，无论在什么时代，会讲故事的人，从来都是占优势的。

小朋友每天睡觉前，喜欢缠着父母给他们讲故事。大部分人也喜欢看电影、电视剧。这些作品就是一个个鲜活的故事。

人喜欢听故事是天性。故事可以让人产生"代入感"和"画面感"，激发人的情绪，调动感官体验，给人留下深刻印象。

故事类结构分为单个故事形式和多个故事形式。

1. 单个故事形式

（1）载体故事

前面在讲选题公式时，我们讲到载体式选题。新媒体写作会借用人物、书籍、影视作品中的故事来包装主题，表达观点。大家要写某个选题，直接写可能会显得枯燥，但是借用一些载体，文章就会更有质感和吸引力。

比如你想写《人生实苦，你要熬下去》这种比较"旧"的选题，如果直接像写常规文章那样列结构，找素材，用三明治结构来写，很难写得很出彩，也容易陷入说教感重到让人看不下去的境地。但是如果加一个载体，比如用《平凡的世界》的素材来写，文章就会变得不一样。

比如文章——《〈平凡的世界〉：人生有四苦，熬过才是福》。

作者通过《平凡的世界》这本书里主人公的故事启发大家：生活很苦，熬过去就是福。

常规文章的写作逻辑是先有道理，再去找故事素材并填充，而载体式文章则是先给大家讲故事，再透过故事中的道理启发大家。

两种文章的写作逻辑是不一样的。后面这种写作逻辑更容易说服读者，也更有吸引力。

载体式文章中的载体大致分为人物故事载体、书籍故事载体及影视作品载体三类。

人物故事载体由人物故事＋观点组成，通过某个名人，比如我们熟悉的刘备、苏轼、曾国藩、王阳明等人的故事来表达观点。

书籍故事载体由书籍故事＋观点组成，通过书籍中的故事来表达观点。代表作品有《〈浮生六记〉：再穷的婚姻，也有最好的模样》《〈白鹿原〉：一个人终其一生，最重要的是什么？》《〈月亮与六便士〉：活着最大的魅力，是你怎么选，都会后悔》等。

影视作品载体由影视作品＋观点组成，通过大火的、经典的影视作品故事来表达观点。代表作品有《〈小舍得〉米桃结局曝光，看哭无数父母：长大后自卑的孩子，大多出自这几种家庭》《〈你好，李焕英〉热映第 5 天，戳中无数人软肋：来日方长，才是人生最大的骗局》《〈哪吒〉刷爆朋友圈：成年人的世界，没有"认命"二字》。

需要注意的是，我们这里选取的载体，是知名度比较广、好评多的载体，如果选取的是非著名的、小众的，甚至大众评价很低的载体，那么载体不仅会失去加成作用，还容易引发读者的抵触情绪，使其选择不点开文章，结果适得其反。

（2）自制故事

自制故事，就是来自你或你身边人的经历的故事，或是杜撰的故事。自制故事的代表作品有《一个戳心的故事："我后悔把儿子培养得太出色"》《人到中年才明白，头顶没伞的人，凡事靠自己》等，这类故事形式的优点就是代入感很强，容易贴近读者。比如，《人到中年才明白，头顶没伞的人，凡事靠自己》这篇文章就是按照一个普通人的口吻，从"小时候、上中学时、毕业参加工作后、现在"4 个阶段经历的故事，来反映一个主题：凡事靠自己。这很容易让读者联想到自己小时候或上中学时的经历。

载体式文章，不管来自名人、书籍还是影视作品，对普通人来说都有一定的距离感。但如果是你自己或你身边人的故事，读者就会觉得似曾相识。你的故事越贴近读者，你的论证也就越能让读者接受。

在新媒体写作中，我们需要注意的一个比较重要的因素就是共情。我们需要站在读者的角度，让读者通过你的文章联想到自己的经历，而你则是用文章替他们讲出这些故事和心里的感受。

2. 多个故事形式

多个故事形式是多个故事和多个观点的组合，我们将逐一进行结构解析。

（1）故事 + 观点结构

即故事 1+ 观点—故事 2+ 观点—故事 3+ 观点的结构形式（见图 3-6）。

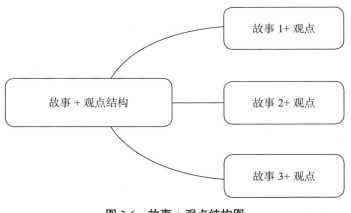

图 3-6　故事 + 观点结构图

我们来看一篇例文，这里节选了《学会给别人鼓掌（深度好文）》一文。

01

有一次，蔡元培无意中看到齐白石的画作，就被他那精巧细腻的画技折服。

蔡元培当即决定，邀请齐白石来北大讲学。

但有几名教授强烈反对。

有一位不屑地说："齐白石不过是一名山村木匠，我堂堂北大校园，人才荟郁如林，岂能容他一把山野斧子来此'滥砍滥伐'？"

其他人也附和道："是啊，是啊。"

听到这里，蔡元培已然不悦，正色道："纵然是把山野斧子，也有其锋锐之处。"

并且断定日后齐白石一定会蜚声中外。

后来，齐白石真如蔡元培所言，声名鹊起，留名画史。

别人总是揪着不足议论纷纷，唯有蔡元培看到其长处。

只顾着贬低别人，所见只是井中一隅；懂得赏识别人，所览却是万里长空。

人生在世，只有一张挑剔的嘴，看到的都是问题。

用一双欣赏的眼睛去审视别人，才能走出偏见与狭隘。

02

丹尼尔·伽卢耶是一名科幻小说家。

他的长篇小说《黑暗宇宙》与罗伯特·海因莱因的《异乡异客》共同参与了 1961 年雨果奖的评选，这个奖项被称为"科幻文学界的诺贝尔奖"。

那时，他的《黑暗宇宙》是该奖有力的竞争者。

但是他却把自己的那一票投给了海因莱因的《异乡异客》，只因为这部小说构思之精巧、文笔之劲道让他叹为观止。

最后，伽卢耶以两票之差落选。

如果当年他把那一票投给自己，他将与海因莱因共同捧起这一至高奖项。

查理·芒格在一次访谈中总结他的人生经验：

人生有两件事是绝对不能做的，一是永远不要为自己感到遗憾；二是永远不要嫉妒。

一味嫉恨别人的优秀，心之大小不过就是一口逼仄的井。

当一个人的格局大了，能容人之长，就不会在人之恶里沉沦。

03

林清玄曾经在做记者时报道过一则新闻，文章的最后，他情不自禁地感叹并发表了一段评论。

没想到，新闻主角却因看到这段评论改变了自己的一生，后来他竟成了几家羊肉炉店的老板。

在一次邂逅中，这位老板诚挚地对林清玄说：

"林先生写的那段评论，打破了我生活的盲点，使我想，我为什么没有更多地尝试呢？"

三毛有一句话：人活着是一件美好的事，你遇见了谁，被温暖了一下，都是美好的风景。

同样的道理，多给别人一句肯定，多给一次掌声，也许你无意中就会成为别人的摆渡人。

现在我们对此文进行结构解析。

第一部分：讲了蔡元培聘请不被看好、被挑剔短处的齐白石来讲学的故事，说明用不同的眼光来看待别人，结果自然是不一样的。提出"用一双欣赏的眼睛去审视别人，才能走出偏见与狭隘"的观点。

第二部分：讲了科幻小说家伽卢耶在雨果奖的投票上给自己的竞争对手投票的故事。提出"当一个人的格局大了，能容人之长，就不会在人之恶里沉沦"的观点。

第三部分：讲了林清玄的客观评价启发他人的故事。提出"多给别人一句肯定，多给一次掌声，也许你无意中就会成为别人的摆渡人"的观点。

这篇文章中，每个部分都是由一个故事得到一个观点，而且这 3 个故事和观点都紧紧围绕主题"给别人鼓掌"，这样写的故事和观点会很清晰。

（2）故事 + 落点结构

即故事 1+ 故事 2+ 故事 3+ 观点 1+ 观点 2+ 观点 3 的结构形式（见图 3-7）。

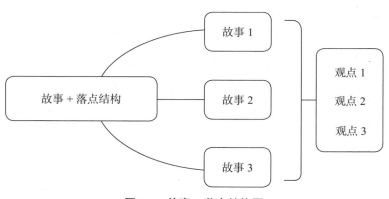

图 3-7　故事 + 落点结构图

我们来看一篇例文，这里节选了《神舟十二号 3 名航天员家世背景曝光，原来这才是他们厉害的真相》一文。

01

他出生于 1964 年，湖北枣阳杨垱镇的一个小村庄里。

家里姐弟八人，他排行老六。

父母靠种田维持生计，家大口阔，日子过得很拮据，粮食往往不够吃。

在他的记忆里，每次吃饭餐桌上的主食都是红薯面做的黑窝子、杂面饼，主菜就是萝卜干、咸菜、大酱，以至于到了现在，闻到大酱味他就犯恶心。

虽然家境贫寒，但父母从不耽误他的学习，想尽一切办法供他读书。

因为交不起学费，每次都是东挪西借，甚至有一次交到老师手里的"学费"是一只兔子。

他也没有辜负父母，学习非常刻苦，没有钱买课外资料，那就吃透课本内容。

课本上的知识，在哪页哪个位置，他都记得清清楚楚。

在他 16 岁那年，父亲的意外病逝，让原本就贫困的家庭雪上加霜。

但这依然没有动摇他继续求学的决心，在父亲去世的第二年，他以优异的成绩考上了当时的重点高中枣阳一中，全镇只有他和另一名同学被录取。

学校了解到他家的特殊情况，专门为他申请了救济金。

每年假期，他也会到离家几千米外的堂兄家搬木材、装茶叶、下地干活，一个假期挣十几元钱，用来交学费。

就这样，他靠自己的努力，赚到了上高中的学费，始终没有动过辍学的念头。

1983 年高中毕业时，赶上空军招飞，他瞒着家人，抱着试试看的想法报了名，没想到各项考核和体检全都顺利过关。

直到有一天，县武部派人到他家了解情况，他才知道自己被选上了。

到了空军长春飞行学院（现空军航空大学），他非常珍惜这次难能可贵的机会。

他学习刻苦、训练严格，门门成绩都很优秀，同期学员中第一个放单飞，两次被评为全优学员并担任学员班长。

1998 年 3 月，经过层层筛选，他被选拔为中国首批航天员。

学习理论知识时，他明显有些吃力，离开校园 10 多年的他像备战高考一样，没日没夜地学，家里成了他的学习室，客厅和卧室到处堆满了学习资料，甚至连墙上都贴满了用来背记的纸条。

妻子和女儿当起了他的临时英语辅导老师，纠正他的英语发音、帮他听写单词。

他不断充实大脑，扩充知识，就在今年春天，57 岁的他获得了上海交通大学航空航天学院博士研究生学位。

他就是神舟十二号载人飞船航天员聂海胜。

02

1966 年秋天，他出生在黑龙江依安县红星乡东升村一个普通农民家中。

家里兄妹 6 人，他排行老二。

上高中时，家里要同时负担 5 个孩子读书，懂事的他主动提出不住校，减轻家里的经济负担。

当时全班 52 个学生，51 个住校，唯独他走读。

为此，父亲咬牙花 100 元给他买了一辆二手自行车，供他上学往返。

学校离家 10 千米，全是坑洼土路，坑坑洼洼的不好走，遇到下雨天，路上积满了黑泥水，连下脚都很困难。

冬天更遭罪，路面结冰，非常滑，为了不迟到，他每天凌晨三四点起床去上学。

冬天即使不下雪，他骑车到学校时脸上、脖子上、身上也会挂满白霜，浑身湿透，所以同学们都叫他"小雪人"。

但是，无论天气如何恶劣，不管雨多猛、雪多大，他从未迟到或早退过。

因为初中就读的是农村学校，英语课只开半年，没有正规英语老师，中考时他的英语考了零分，但他还是考上了县里最好的高中。

当时全班只有五六个学生考上了高中，他就是其中之一。

上了高中，为了高考英语不拖后腿，他在英语上下足了功夫，就连走路、干活时，都在背英语单词。

为了赚学费，他甚至在高中读书期间短暂辍过学，到附近砖厂打工。

他的高中班主任说，好像一年四季都没有见他穿过新衣服，每天中午带的饭也只是玉米面大饼子，外加一些咸菜。

1985 年，空军在依安县招飞行员，凭借强壮的体魄，他轻松过关。

进入航天员队伍后，他也从未放松对自己的要求。

神舟五号飞天时，他虽然没有入选任务梯队，却把专业书籍找出来翻了一遍又一遍，写下了六七十万字心得体会，时刻为自己的梦想做准备。

他就是神舟十二号载人飞船航天员刘伯明。

03

1975 年 10 月，他出生在湘潭县的一个普通农民家庭。

读书的时候，班里的男孩子都很淘气，但他比较安静。

当时农村的孩子想要坚持读书很不容易，但他的父母不仅努力供他读书，而且对他要求很严格，没有丝毫放松。

他的学习成绩一直中等偏上，平时话不多，但总在默默努力，骨子里面憋着一股韧劲，立志走出农村。

小学的时候，他特别喜欢看课外书，因为怕父母知道，每天都是在外面偷偷地看，看完再回到家里。

高三那年，他第一次向父亲吐露了自己的理想：想当飞行员入伍。

凭借出色的身体素质，他顺利通过了中国空军的招飞测试，成为一名飞行员。

在飞行学院，他不是最聪明的却是最努力的，飞行成绩经常获得满分，被评价为"教科书式的飞行"。

入伍以后，他一般每隔两年回家一次，每次回家都带很多书，除了陪家人聊天，其余时间都躲在房间读书学习。

2010 年，35 岁的他成功入选航天员。

到了航天员中心以后，他抱着从零开始重新学习的决心，坚持从难从严训练，比如完成坐转椅、沙漠野外生存、72 小时狭小环境剥夺睡眠训练等。

从走进航天员中心，到实现自己的"飞天梦"，这一坚持就是整整 11 年。

他就是神舟十二号载人飞船航天员汤洪波。

04

为什么我要讲这 3 个人的故事？

不仅仅是被他们的经历所打动，更为重要的是，我从他们身上看到了普通人改变命运的途径。

1. 相信读书的力量。

他们都出身普通，没有显赫家世，但都凭借读书实现了自己的梦想，也实现了人生的华丽逆袭。

2. 人生总要吃苦才能尝出甜味。

一个人想要脱胎换骨，就要学会低头吃苦。

如今，我们看到他们光芒万丈，可在背后，他们不仅要吃读书的苦，要忍受过去艰难的环境之苦，还要忍受训练之苦。

想要拥有精彩万分的人生，就要先主动学会吃苦。

人生如攀登，每登上一阶，机会就越多，视野就越广，可每攀登一阶，也要付出更多的艰辛。

当你吃够了生活的苦，学习的苦，工作的苦，熬出了头，世间一切美好便会纷至沓来。

3. 永远不要给自己的人生设限。

从 41 岁到 57 岁，聂海胜 3 次登上太空。

在此次飞行任务中，刘伯明 55 岁，最小的汤洪波也有 46 岁，他们虽然都不算年轻，但也没有为年龄设限。

从飞行员到航天员，他们也没有为专业设限，在不断拓宽自身边界。

人生就是要不设限，不断拓宽边界，大胆尝试，努力创造属于自己的精彩。

4. 高手都是长期主义者。

高手往往都是"又笨又稳"的人，他们耐得住寂寞，不断将专业技能精进到极致，然后等待一飞冲天的机会。

这篇文章发表于神舟十二号载人飞船发射圆满成功时，开门见山地讲了 3 名航天员的故事，最后从这 3 个人的经历中，归纳总结出本文的主要观点。

仔细分析不难发现，这篇文章的结构依旧是"故事＋观点"的组合方式（见图 3-8、图 3-9），只不过人物的故事和观点的内容发生了变化。

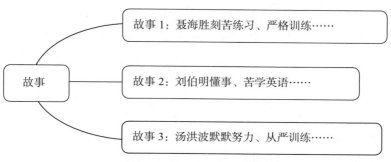

**图 3-8　文章《神舟十二号 3 名航天员家世背景曝光，
原来这才是他们厉害的真相》故事结构图**

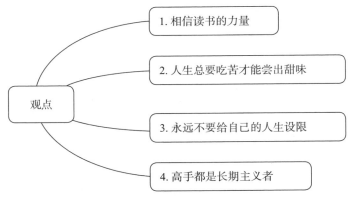

图 3-9 文章《神舟十二号 3 名航天员家世背景曝光，原来这才是他们厉害的真相》观点结构图

使用这类结构的文章能够巧妙处理多个故事的思路，而且写得很有深度，完成度非常高。读者既看了故事，又收获了"与我有关，对我有用"的东西。

故事类结构有以下三点注意事项。

第一，故事情节要和主题高度贴合。通常来讲，所讲的故事要和所倡导的主题贴合。如果故事是"车主追尾辱骂前车车主"，观点却是"做人要懂得放下"，二者就是矛盾的。

第二，故事叙述要有重点，节奏要快慢得当。该凸显重点的地方慢一点，多一些描述，比较次要的地方就加快节奏，一笔带过，有意识地编排自己的文章。

第三，要有起承转合，语言要有场景感。写故事时要有起伏，人物经历和情节发展有好有坏才能调动读者的情绪，可以再现故事发生时的场景，可以适当用一些对话让文章更生动。

第 3 节　爆款文章标题打磨的五个要点和八个方法

我们前面说过新媒体写作的"二八定律"，也就是一篇文章好不好，选题起到 80% 的作用。

和选题重要程度相似的是，标题同样是决定一篇文章能否成功的非常重要的因素。

为什么这么说？很多编辑和我说，他们在审稿的时候经常会有看到某个标题就不想打开文章的情况。这不能怪他们不负责任，很多情况下，标题确实很能看出作者的水平。

设想一下，自己辛辛苦苦写的稿子，仅仅因为标题不够出彩，就失去了被编辑打开的机会，是不是太可惜了。

拟好一个标题有多种方法，本章就和大家分享五个爆款文章常用的拟标题方法，和最常用的八个爆款文章标题模板。

爆款文章标题打磨的五个要点

大家可以回想一下，我们平时打开公众号列表，在众多的文章里，为什么会点开其中的某篇？

原因很简单——它的标题吸引了你。

在读者一扫而过的瞬间，只有文章的标题足够吸引眼球，才能够获得读者的更多关注。可以用两点概括标题的作用：第一，吸引读者点击；第二，引起读者转发。换句话说，你的标题要让读者既愿意点进来又愿意分享出去。很多人经常会把标题和选题混为一谈，选题是一篇文章的主题思想，可以在标题中出现，也可以不在标题中出现。

我做自媒体多年，经过日复一日地复盘标题，我发现拟出好标题是有规律可依的，只要掌握了内在逻辑，每个人都能快速上手，拟出优质的标题。想要打磨一个好的标题，可以注意以下五个要点。

1. 激发好奇心

好奇心人人都有，与生俱来，所以拟标题的第一步，就是要想办法把读者的好奇心唤醒。

我们在拟标题的时候如何激发读者的好奇心呢？这里分享三个简单易操作的方法。

一是提出疑问。

提出疑问是最简单也最容易操作的一种方法。

比如《蛋黄好还是蛋白好，大多数人都吃错鸡蛋了》一文，针对的是与每个人都息息相关的吃鸡蛋这一生活常识，很多人出于好奇心及学知识的心理，会点开看看到底怎么吃鸡蛋才正确。

类似的标题还有《那个决定不考大学的女孩，最后怎么样了》等。

人们的内心潜藏着很多疑问都没有被解答，所以一旦有人提出这些疑问，人们通常会点开看看。

二是制造反差。

为什么标题需要制造反差？因为在这个信息爆炸的社会，常识性的信息随处可见。想吸引读者的眼球，就必须提供让人耳目一新的东西。而关于如何做到让人耳目一新，有一个方法就是反其道而行——提出与大众认知不同甚至相反的观点。

读者一旦看到这样的标题，一定会心生疑问，比如《儿子高考 630 分，妈妈一条朋友圈让所有人心酸：你考得越好，我越难过……》，在标题上形成了反差，让人忍不住想看看这位妈妈为什么会这么想。

类似的例子还有许多，比如在我们的认知里，其实生性凉薄的人是不好相处的，但是《"生性凉薄"的人，最值得深交》这个文章标题却告诉我们"'生性凉薄'的人，最值得深交"；以貌取人是一个贬义词，但是《层次越高的人，越会"以貌取人"》这个文章标题却说，层次越高的人，越懂得"以貌取人"；很多女孩从小被教育要温顺、要懂事，而《不要做一个让人放心的女人》这个文章标题却持完全相反的观点。

这些标题的底层逻辑都是以强烈的反差形成激烈的冲突，并且所持观点与常识性观点相悖，这样大家的好奇心自然会被激发出来。

三是留下悬念。

想象一下这样一个场景：半夜三更，你的好朋友发来一条微信："你知道吗？"你回复了一个问号。过了很久，他缓缓回了一句："算了……"

相信我，你会立马抓狂，恨不得当面去问他。因为你的好奇心已经被勾起来，却又被他活生生地按了下去。

制造悬念和引发好奇心的内在逻辑相似，就是要学会"卖关子"。

比如《我很想忍住不推荐它，但实在忍不住，它是……》等标题，大多数电影公众号的标题都是这个套路，话到嘴边强行刹车，就是不让你知道推荐的是哪部电影。

类似的标题还有很多：《聊天这样结尾的人，一定很爱你》，抓住了恋爱中的人的心理，让人想对号入座；《传染病教会人类的5件事，最后一件很多人还做不到》，让人好奇到底是哪5件事，哪一件事自己还做不到；《父母最失败的3种教育方式，就是发脾气、讲道理和……》，让人想知道最后一种教育方式到底是什么；《看了2021年高考作文题，我顿悟了人一生最大的"游戏规则"》，让人想知道作者顿悟了什么样的"游戏规则"；《今晚他复出，娱乐圈谁也挡不住》，让人好奇到底是谁要复出，整个娱乐圈都挡不住。

2. 观点鲜明

打磨爆款文章标题的第二个方法是观点鲜明。

新媒体文章中观点鲜明的标题，要爱憎分明、观点明确，让人一眼能看到作者的情绪。

比如《垃圾婚姻，不如单身》，简单直接地点出了对待婚姻的态度；《都是第一次做人，我凭什么让着你》，直接指出了做人的态度。

当公众号的标题能体现一定的价值及情绪时，更容易被传播。

3. 情绪共鸣

你有没有这样的时刻：生活的高压让你觉得难以喘息，内心有很多话想在朋友圈发出来，又觉得自己的文笔不行、写不出来。

这时如果有一个标题，正好表达了你心中所想，相信你一定会点开文章一探究竟。

所以标题，一定要能引发读者情绪，帮读者说出他想说但是没有说出口的话，让读者与你产生共鸣。

如何引发读者的情绪共鸣呢？我们来看看下面这些标题。

《外卖小哥暴雨中抢救餐盒：谁的人生，不是深夜痛哭，清晨赶路》，这一标题呈现了这样一种情绪：每个人都有被生活打垮的时刻，成年人的世界都是一边崩溃，一边坚强，独自熬过人生最艰难的日子。

这样的标题，就很容易让人共情。每个人都有自怜的情绪，《因为无所依仗，所以必须强大》这样的标题，就很容易让读者代入自己的感受，从而在看到标题时就给自己贴上相似的标签。类似的标题还有《真正的心酸不是号啕大哭，而是无人倾诉》《"妈妈不是脾气差，妈妈只是太累了"》《孩子，你不想苦一辈子，就要先苦一阵子》等。

无论是在打磨标题时还是在正文的写作中，情绪共鸣都是非常重要的，所以大家一定要掌握这个方法。

4. 直戳痛点

简单来说，直戳痛点就是你的标题一定要精准地击中读者的敏感点，才能吸引其点击文章。

类似的标题有《你永远赚不到超出认知范围外的钱》《表情包用得越来越多，我们聊天却越来越少》《你不是选择恐惧，你只是

买不起》《孩子对不起，放下工作养不起你，拿起工作陪不了你》
等，这些标题都精准地击中了读者的某个痛点，让人忍不住点开。

5. 制造利益点

最后一个方法是制造利益点。

你有没有想过，每个人的时间都如此宝贵，读者为什么会花
时间阅读你的东西呢？

其实，他们无非是想从你的文章中获取他们所需要的东西。
而他们需要的东西主要分为情感需求和物质需求两大类。

情感需求，对应的就是我们上面所讲的共鸣；而物质需求，
则是能给读者带来实际的价值满足感的需求。就是你的标题要让
读者觉得这篇文章是对他有用的、不看就有损失的，甚至是看完
一定会赚到的。

举几个例子，职场人士对人际关系有刚性需求，他们迫切地
想掌握不同的社交方法，所以《做到这 5 点，让牛人主动加你好
友》这种标题，对他们就有着超强的吸引力。

类似《华为、阿里员工正在听的英语资源，即将过期，请自
取》《豆瓣美剧 Top100！看完英语水平超越大部分中国人》这种
承诺给读者资源的标题，则有一种价值吸引力。想学英语的人一
定会点开、收藏。

《这里有 133 页重磅 PPT，15 个压箱底文章技巧等你取》，也能
吸引爱好写作的读者点开，以确认这 15 个技巧自己是否全都掌握了。

这就是我们所讲的制造利益点，读者更喜欢明确的利益承诺，
没有人会拒绝有价值的东西。

最常用的打磨爆款文章标题的八个方法

1. 巧用数字

在一段文字中，数字是最能吸引眼球的，特别是当这个数字比较夸张的时候。我在下面举几个例子。

《一位办过 400 件离婚案的律师，揭示了婚姻的残酷真相》一文中，"400 件"这个数字的出现，一方面牢牢抓住了读者的眼球，另一方面也为后半句"婚姻的残酷真相"提供了可信度。

在《他对她一见钟情，6 天闪婚，相恋 73 年人人称羡，在婚姻最后却做了这个决定……》一文的标题中，通过 6、73 两个数字为二人感情良好作铺垫，又通过"在婚姻最后却做了这个决定"这一明显转折，一下子调动了读者的好奇心。

《当你心有纠结的时候，不妨看看这 8 条黄金建议》让读者好奇是哪 8 条黄金建议。

《〈悉达多〉：人这一生，必须经历 3 次觉醒》，引发读者对人生要经历哪 3 次觉醒的好奇，让他们忍不住想点开看看自己是否经历过。

这就是我们说的巧用数字拟标题，你也可以试试把文章中的数字放在你的标题中。

2. 场景代入

我们每个人都爱听故事，特别是当这个故事让你感到好奇的时候，场景代入的核心就是描述一段情景，给读者创造想象的空间。

比如，从《"搭了我半年顺风车的同事，把我拉黑了"》，到《老公说，你都两个孩子的妈了，还不肯放过她》，再到《一个戳心的故事："我后悔把儿子培养得太出色"》《"半夜撞见老公上厕所，我泣不成声"》等标题，通过具有画面感的语言、动作形成反差和好奇，引发读者点击阅读。

在文章中，场景代入很容易使用，大多数情况下，通读你的文章，用一句引人入胜的话来概括你文章中的故事，就可以形成一个不错的标题。但有一点要注意，就是你的故事不能太平淡，那些具备反差性的故事更能引人关注。

3. 制造对比

作者可以制造两个相对的概念，在标题中引发强烈的戏剧冲突，这样标题才更有张力。

举几个例子。

《致孩子：自律者出众，懒散者出局》
《"90后"还在母胎单身，"00后"已经分手6次了》
《教我养生的朋友，得癌了》

有对比才有反差，有反差才更能吸引读者的注意力。在打磨标题的时候可以试一试，先提炼文章关键词，看看能不能找到对应的概念。

4. 善用金句

一篇文章中令人印象最深刻的句子被称为金句，如果你的文章中有这样的句子，就可以直接作为标题使用。

金句的使用通常有两种方式。第一种方式是直接引用，比如《李宗盛〈晚婚〉爆火：最怕在某个年纪，突然听懂一首歌》，这个标题就是作者在听歌时，在评论区看到的一句话，他直接拿来作文章标题了。

《物以类聚，人以群分》，这个标题引用的是成语。

第二种方式是化用，我们在选题创新部分也提到过。比如《南墙我撞了，故事我忘了》，化用歌词"可能我撞了南墙才会回头吧，可能我见了黄河才会死心吧"。

这是最简单也最容易操作的一个打磨标题的方法。

5. 贴标签

标签最能定位用户，被你的标签击中的人，一定会打开文章看你说的对不对。

举几个例子。

《"80 后"已消失于朋友圈》

《中年的三次觉醒：自律、自愈、自足》

《千万别小看那些又忙又美的女人》

《爱发朋友圈的女人最好命，不信你看》

《做个聪明的新老人》

如果你是"80后"、中年、女性、老人等，很可能会忍不住点开这些和你相关的文章。

使用贴标签这一方法的时候一定要注意标签是否足够吸引人，太小众的标签不但不能给标题加分，还会起到反效果。

6. 设置悬念

设置悬念同样是为了引发读者的好奇心。

设置悬念这一方法就是在标题上卖关子，并且给读者几个引导性的答案，却始终不透露正确的答案。

举几个例子。

《河北女孩707分考入北大：她最感谢的不是贫穷，而是……》

《最新离婚大数据曝光：打败婚姻的，不是出轨，不是婆婆，而是……》

《女人一生最好的投资不是婚姻，不是孩子，而是……》

有一些经典句式可以用在标题撰写上，比如"……不是……而是……""……人，后来怎样了""……？评论扎心了／……真相曝光：……"等。

一些爆款文章的标题，如《一个人的上等"风水"，不是谦虚，不是教养，不是善良，而是……》《婚姻里最绝望的不是吵架，而是从不吵架》《那些贪图"钱多事少离家近"的年轻人，最后都活成什么样子了》等，便是对这些经典句式的巧妙运用。

7. 借助热点

借助热点的选题一定要在标题上体现热点，有了热点的加持，你的标题会更吸引读者眼球。

举几个例子。

借用教师节热点：《教师节：重温孔子 10 句话，尊师道，敬师德，念师恩》

借用诺贝尔文学奖热点：《看了 2022 诺贝尔文学奖〈悠悠岁月〉，我顿悟了人这一生最好的活法》

借用热播影视剧大结局热点：《央视热播剧〈大考〉大结局：决定孩子一生的 4 道选择题，你做对了几道？》

热点本来就是时下人们关注的重点，有了热点的加持，你的标题一定会更引人注目。

8. 利用名人效应

利用名人效应，指的是利用权威人士或名人的加持，让你的标题更具可信度、更有含金量。以下是没利用名人效应和利用名人效应拟的标题的对比。

《程序员必看的 10 本好书》与《马化腾、张小龙推荐程序员看的 10 本好书》

《最正确的生活方式》和《杨绛：女人一生最正确的生活方式》

《人生最坏的结果，不过是大器晚成》和《莫言：人生最坏的结果，不过是大器晚成》

名人效应虽好用，但一定要在文章中对标题给读者营造的阅读预期做出回应。

第 4 章

如何提升行文质量

第 1 节　如何写出打动人心的金句

无论是一篇文章还是一段文案，金句都是其中非常重要的闪光点。

何为金句？

金句，顾名思义，就是像金子一样有价值的句子，在文章中可以起到画龙点睛的作用。

之前在某个广告片中，歌手李宗盛说的一句"人生没有白走的路，每一步都算数"，引发了现象级的传播，给品牌和个人都带来了极高的曝光。

这就是金句的力量。

当一句话简单易懂、朗朗上口，同时又能让读者产生共鸣，感觉说出了他们的心里话的时候，就会被广泛传播。

金句的特点

金句一般具有短小精悍、朗朗上口、引发情绪共鸣三大特点。

1. 短小精悍

俗话说："浓缩才是精华。"

相比长篇大论，短小精悍的几个词或者一两句话所传达的观点更能冲击读者的心灵，让读者印象深刻。

比如以下这两句话。

"抱怨身处黑暗，不如提灯前行。"

"人生不如意之事十有八九。常想一二，不思八九，事事如意。"

2. 朗朗上口

金句一般都是朗朗上口、结构工整押韵、有节奏感、读者能轻松记住且愿意复制、转发的话。

比如以下三句话。

"人生难熬的苦，都是向上的路。"

"你必须非常努力，才能看起来毫不费力。"

"不在乎天长地久，只在乎曾经拥有。"

3. 引发情绪共鸣

金句一般也可以理解为精辟犀利、有观点、有态度和文章核心立意相关的观点型句子，要对读者有用、能戳中读者痛点。这类句子往往能给读者带来观点上的认同感和情绪上的共鸣，让人念念不忘。

比如以下三句话。

"人际关系：互相补台，好戏连台；互相拆台，大家垮台。"

"人生最好的状态：独处、知足、自洽。"

"亲子教育：一位好家长抵得上一百位好教师。"

综上，我们可以总结出一个金句公式。金句：短小精悍的表达＋朗朗上口的语言＋引发情绪共鸣。

为了加深理解，我们通过下面两组句子的对比，判断一下哪句才是新媒体文章中真正的"金句"。

第一组：血染江山的画，怎敌你眉间，一点朱砂，覆了天下也罢，始终不过，一场繁华。

第二组：睡前原谅一切，醒来不问过往。

你觉得哪一组句子是金句？

答案是第二组的句子，原因是第二句符合金句公式所说的"短小精悍""朗朗上口""引发情绪共鸣"这三点，一下子就能让人记住。

此外，"睡前""醒来"很贴近读者生活，有种宽慰人放下的治愈之感。

第一组中的是一句歌词，出自歌曲《倾尽天下》。句子中有一些比较典雅、唯美的词汇，这类表达在古风歌词、诗词等体裁的文字中出现较多。从读者角度看，第一组更多的是意境的衬托，没有明确的观点呈现。

金句一定是带有观点的。新媒体文章中的金句不需要华丽的辞藻堆砌，只需要用通俗易懂的语言讲清故事，或者用朗朗上口的句子讲好道理，让人一眼能看明白即可。

金句的作用

1. 让读者记住你的文章

经典高分电影中往往有一些金句广为流传。比如,《霸王别姬》中的"人,得自个儿成全自个儿";《一代宗师》中的"世间所有的相遇,都是久别重逢";《哪吒》中的"我命由我不由天"……

有的金句让人拍案叫绝,有的金句让人感动不已,有的金句让人深受启发,并且这些金句都达到了同一个目的:用一句话让人记住了这部电影。

电影如此,新媒体文章也是如此。

互联网时代,碎片化阅读的时间越来越多,很多读者甚至不会细细研读你的文章,揣摩你的字句。

所谓的刷朋友圈、刷公众号,指的都是快速看一遍文章。在这种快速阅读中,读者的视线会只短暂停留在你加粗、加黑的金句上。那么,这些加粗、加黑的金句就成了吸引读者留下来、看完这篇文章的关键。

另外,不仅文章中的句子可以是金句,标题、小标题也都可以是金句。这些精心打磨的金句不仅能给读者留下深刻的印象和好感,更能让读者记住你的这篇文章。

2. 让读者能获得情绪共鸣

金句是吸引读者注意力的很好的方法,因为它们短小精悍、朗朗上口,一眼就能看完、看懂,同时也可以迅速戳中读者痛点、引发情绪共鸣。

一篇好的文章，金句是必不可少的。没有金句的文章，就会显得平淡和无趣，一些冗长、啰唆、含糊的语句，也会分散读者的注意力。而好的金句，则会直接戳中读者的痛点，给人一种"说得太对了"的感觉。

金句好比在平静的湖面上突然出现的旋涡，能瞬间吸引你的注意力并让你记住它。

3. 促进文章的转发分享

在新媒体文章的传播中，金句除了有让读者记住你的文章、引发读者的情绪共鸣的作用，还有促进文章的二次转化的作用。

标题决定文章是否会被打开，这是第一次转化；而文章的内容则决定了文章是否会被转发，还是第二次转化。所以，文章金句写得好、用得好、击中了读者的痛点，读者才愿意转发、推荐这篇文章。

我们研究了读者在留言区、朋友圈的转发情况，发现大多数读者在留言、转发时，一定会摘录文章中自己认为最精华、最有感触的金句作为推荐语。读者转发文章到朋友圈的过程，其实就是把共鸣传递给更多人，让更多人看到这篇文章，促进文章被二次打开的过程。

所以，如果你发完一篇文章，看到评论区的读者大部分都复制了同一个金句，就证明你这个金句写得很成功，已经成功留在读者的心里了。

打造金句的六个技巧

了解完金句的作用，接下来我们应该如何写金句呢？有没有什么技巧？

在新媒体写作中，名人名言、经典台词、诗句等都可以作为金句为文章增色，但更多时候，引用的金句和文章的适配性并不高。一个成熟的新媒体作者，还应该具备自己创造、撰写金句的能力。

接下来给大家分享打造金句的六个技巧。

1. 巧用关联

关联词有转折、递进、并列、假设等作用，在金句中使用关联词能让语句紧密相连，更加通顺、完整、层层递进，也能让文章的过渡更流畅、逻辑性更强。

下面，简单罗列几组常用的关联词和例句。

（1）没有……只有……

没有横空出世的运气，只有不为人知的努力。
没有绝对的好日子，只有十足的好心态。

（2）不是……而是……

生活中不是缺少美，而是缺少发现美的眼睛。
世上最遗憾的，从来不是求而不得，而是我本可以。

（3）哪有……不过是……

哪有什么岁月静好，不过是有人在替你负重前行。
哪有什么人生开挂，不过是厚积薄发。

（4）与其……不如……

与其临渊羡鱼，不如退而结网。
与其抱怨黑暗，不如提灯前行。

以上四种句式都是通过前半句来烘托后半句。先是否定一些常规的局部内容，然后根据写作者的洞察，给出新感悟或新定义，整体句子给人一种富有内涵、饱含哲理的感觉。

（5）没有……不……

没有长夜痛哭过，不足以谈人生。
没有到不了的明天，只有不珍惜的今天。

这一句式用双重否定表示肯定，为观点的呈现增强了表现力。

（6）只有……才能……

只有记住别人的好，才能温暖自己的心。
只有汗水到位，才能出类拔萃。

除了以上的六种句式，还有许多其他的关联词，大家可以通过平时的阅读、拆文去发现和学习。

2. 巧用比喻

比喻是金句打造中一种常用的修辞手法。通俗地说，比喻就是为了让读者更直观地明白你想表达的意思。

使用比喻的好处是可以把一些抽象的道理或观点具象化，用浅显、具体、生动的事物来代替抽象、难理解的观点，从而帮助读者理解与接纳观点和文章。

这样的比喻有很多，比如电影《千与千寻》中的经典台词"人生就是一列开往坟墓的列车，沿途上会有很多站，很难有人可以自始至终陪着你走完。当陪你的人要下车时，即使不舍也该心存感激，然后挥手道别。"

又比如电影《阿甘正传》中的经典台词："人生就像一盒巧克力，你永远不知道下一颗是什么味道。"

电影将抽象的、宏大的人生议题，用身边熟悉的事物进行比喻，瞬间拉近了和读者的距离，让读者对概念化的东西有了具象化的想象和思考。

举一些新媒体文章中的金句。

人生就像一杯茶，不会苦一辈子，但总会苦一阵子。

婚姻就像穿鞋子，合不合脚只有自己知道。

每个人都是一条河，每条河都有自己的方向。

生活就像一杯白开水，你每天都在喝，不要羡慕别人喝的饮料有各种颜色，其实未必有你的白开水解渴。

那些需要花很大力气才能讲明白的道理，如果用身边的事物做比喻，很快就能让读者理解并留下印象，能获得比较好的说理效果，还会显得更有哲思。

3. 善用押韵

那些传唱度高的歌曲，还有一些朗朗上口的古诗词，之所以传播度广，除了有内涵、有共鸣，还有一个共同的特点，就是它们都很押韵、容易被记住。

举几个例子。

毛不易的《消愁》"一杯敬故乡，一杯敬远方，守着我的善良，催着我成长。"押"ang"的韵脚。

李宗盛的《山丘》"越过山丘，才发现无人等候；喋喋不休，再也唤不回温柔。"押"ou"的韵脚。

李白的《静夜思》"床前明月光，疑是地上霜。"押"ang"的韵脚。

歌词、诗歌是这样，新媒体金句、文案、口号也是如此，金句能被传播、记住的背后也有相同的逻辑。

新媒体文章中很多经典的金句都是押韵的，举几个例子。

人生难熬的苦，都是向上的路。

南墙我撞了，故事我忘了。

走过一些弯路，也好过原地踏步。

只有两心相惜的温暖，才能够抵得过似水流年的变幻。

所以，当你在打造金句的时候，也可以有意地在句子的结尾想一些押韵的词语，让金句更加朗朗上口，读起来让人感受到你设计的用心。

4. 运用对比

对比是写作中常用的一种表现手法，指的是把对立的两个事物，或者同一个事物的两个方面放在一起进行比较，以形成强烈的反差。这种对比手法有利于展现事物的矛盾，能更好地调动读者的情绪。

比如某篇爆款文章中的句子："拿起工作陪不了你，放下工作养不起你。""拿起"和"放下"是一对反义词，表现出父母在工作和照顾孩子之间两难的纠结，瞬间让读者产生共鸣，将自己代入一种矛盾却又无可奈何的情境中。

新媒体文章中有很多金句都运用了这种表现手法，举几个例子。

走得出世界的圈，走不出故乡的圆。

生活不止眼前的苟且，还有诗和远方的田野。

没有从天而降的英雄，只有挺身而出的凡人。

人生要做点看似无意义的事，其实那才是有意义的。

所以，打造金句的时候，可以运用对比，找到你想描写的事物之间存在的关联和反差，进行创作。

5. 设计排比

我们常在新媒体文章的开头或结尾处，看到一些排比的句式。

这是因为排比手法往往给人一种一气呵成的感觉，能够增加文章气势，强化表达效果，深化文章主题，所以放在开头、结尾或者文中论述部分都非常适合。

举几个例子。

沉得住气，方能遇事不怒；管得住嘴，方能遇事不争；稳得住心，方能遇事不乱。

最好的友情，不一定要时刻联系，却能彼此惦记；不一定要形影不离，却需要惺惺相惜；不一定要相互讨好，却能够相处舒服。

排比通过一些重点词汇的重复，将道理说得更加充分、透彻，也让论述更有层次感，从而给读者留下深刻的印象。

6. 善用回环

最后一种打造金句的技巧叫"回环"，"洞见"内部编辑团队用了一句话对其加以总结："回环用得好，金句少不了。"

什么是回环？回环就是两句话的重点名词不变，通过变换顺序变成两个句子。比如"当你凝视深渊时，深渊也在凝视你"这句话，就是回环句式。

回环的手法能够更好地表现道理之间的联系，让读者加深认知，让观点更耐人寻味。当然，运用回环也要符合内容的需要，不要为了回环而回环，不能单纯地为了追求形式，而忽略了真正要表达的内容和情绪。

分享几个回环的结构。

（1）ABBA 结构

例句：给岁月以文明，而不是给文明以岁月。

这是刘慈欣在《三体》中的名句，结构里的 A 是指"岁月"，B 是指"文明"，整个句式的表达则是 ABBA，论述清楚了"岁月"和"文明"之间的关系，给人启发。

这里再举几个例句。

没有任何道路可以通向真诚，真诚本身就是道路。

要么把敌人带给正义，要么把正义带给敌人。

人类必须终结战争，否则战争就会终结人类。

（2）ABAC 结构

例句：不在乎天长地久，只在乎曾经拥有。

结构里的 A 是指"在乎"，B 是指"天长地久"，C 是指"曾经拥有"，作者突出论述了 C"曾经拥有"的重要性，让观点更深刻。

这里再举两个例句。

你可以嘲笑我，但你不能嘲笑我喜欢的东西。

哪里有生活，哪里就有希望。

（3）ABBC 结构

ABBC 结构以《木兰诗》"出门看火伴，火伴皆惊忙"，以及《哈姆莱特》剧本中："放弃时间的人，时间也会放弃他"为代表，重在运用 ABBC 结构形成回环、彰显气势，意境悠远。

讲完常用的六个打造金句的技巧，大家会发现，写金句也没有想象中的那么难，只要找对方法、了解一些经典的句式结构，我们就可以根据自己的选题内容去打造金句。

更重要的是，金句并非只能采用上面所讲的某一种单一结构去写，也可以是多种技巧的结合。一个句子里，可以既有对比，又有押韵；也可以既有比喻，又有排比。

例如作家三毛的经典金句："如果有来生，要做一棵树，站成永恒。没有悲欢的姿势，一半在尘土里安详，一半在风中飞扬；一半洒落荫凉，一半沐浴阳光。"这句话里面既有对比，又有排比。又如"藏得住一辈子的情感，藏不住一瞬间的波澜"这句话则既有对比，又用了押韵。

写作者可以在实际操作过程中灵活变通，采用不同技巧，打造出更多直击人心的金句。

写好金句的三个步骤

很多刚入门的新媒体写作者都会反馈同一个问题："听过了很多方法，但还是写不好金句怎么办？"如果你也存在这个问题，那我建议你从以下三个步骤开始，慢慢摸索，学会写金句。

1. 找金句

前面曾和大家分享过一些找金句的渠道。比如，句子网站、书籍、电影、歌词或音乐软件的评论区、广告文案等，都可以成为你找到金句的好地方。

名言通、句子控等网站会以出名作家或书籍为集合，汇集一些富有哲理的句子。此外，微博、抖音、微信公众号上也会有句子博主定期发布金句，大家可以养成关注、浏览的习惯，看到比较受触动的金句就可以收集到自己的素材库中。

影视作品更是大量金句的汇集地。一部好的影视作品并非只为大家讲一个故事，更重要的是通过这种艺术手法折射出很多人生真谛，并将这些真谛藏进台词里。同样的，在歌词中也可以找到大量金句。

除此之外，广告文案也是找到金句的一个渠道。从内在逻辑上看，广告文案和我们的金句创作是有异曲同工之妙的。举例如下。

回家吃饭 App 广告：哪里有寒冬，哪里就会有人燃起灶火。

动物保护广告：没有买卖，就没有杀害。

诚品书店广告：过期的旧书，不过期的求知欲。

方太广告：重要的不是享受风景，而是成为风景。

平时我们在公交、地铁上看到的标语和广告文案，甚至商品包装以及 App 的开屏广告，这些行文基本都是广告公司用心打磨过的，非常值得收集和学习。

2. 仿金句

在网络上，我们经常用名人名言、书摘名句来当金句，这些句子之所以流传度广，一部分是因为引发了情绪共鸣，另一部分则是因为它们的句式用得好。

因此，它们是仿写的重要材料。

我们自己也可以仿写一些好的金句，总结一些金句公式放在文章中使用。比如海明威的金句："我们花了两年学会说话，却要花上六十年来学会闭嘴"，它的金句公式是"我们花了几年学会……，却要花上无数年来学会……"，且空白部分的内容需要形成对比反差。

由此，我们就可以仿写出类似"我们花了几年学会往前冲，却要花上无数年学会止步"这样的金句。

再比如纪伯伦的"也许大海给贝壳下的定义是珍珠，也许时间给煤炭下的定义是钻石"，它的金句公式是"也许……给……下的定义是……"，可以仿写出"也许寒冬给万物下的定义是磨砺，也许生活给普通人下的定义是自渡"这样的金句。

当你掌握了一些经典句式后，你就有了一些万能的模板。不管是什么选题，在表述逻辑通顺的前提下换一个关键词，都能诞生出一个还不错的金句。

3. 创金句

模仿并不是写作的重点，它只是指引你往前走的一个方式。模仿的真正目的，是帮我们学会自己创作金句。

当你浏览的句子、积累的句子、仿写的句子足够多的时候，你的语感会越来越好，表达能力也会越来越强。当你找到了写金句的感觉时，你就可以开始自己创作金句了，你也可以创造属于你自己的句式来表达你想表达的观点和情绪。

当读者被你的原创金句戳中，与句中情绪产生共鸣时，读者一定会对你印象深刻，也会因为你的原创金句对你增加好感。

第 2 节　如何写出让人忍不住读下去的开头

不管是写一本书，还是写一篇文章，开头都是非常重要的，因为它直接决定读者愿不愿意看下去。

有很多经典文学作品的开头，时至今日仍为人称道。

比如马尔克斯《百年孤独》一书的第一句话："多年以后，面对行刑队，奥雷里亚诺·布恩迪亚上校将会回想起父亲带他去见识冰块的那个遥远的下午。"

这段开头以倒叙引出故事，交代了书中的主人公，为后面的故事作铺垫。大家也会好奇主人公在那个下午到底发生了什么，吸引读者接着往下读。

这个经典的开头句式，如今被很多作者借用在自己的作品里。

又比如，加缪《局外人》一书中的第一句话："今天，妈妈死了。也许是在昨天，我搞不清。"

妈妈死了，自己却不知道日期？强烈的冲突为一个亲子关系故事的悬念做了铺垫。

在新媒体写作中，开头非常重要，它决定了这篇文章是被读者关闭，还是吸引读者继续看下去的不同命运。

互联网时代，读者留给单篇文章的时间非常有限，如果点进来发现内容有些无聊或者不实用，他们会马上关闭文章，更别提转发了。正因如此，一定要用心对待开头。接下来，我们将分析开头常见的两大问题，帮助读者识别它们，避免犯错。

开头常见的两大问题

我每天都要审大量的稿件，它们有些来自"洞见"内部作者，也有些来自外部签约作者，很多时候我只看了文章的开头，就不想接着往下看了。

为什么呢？因为这些文章的开头普遍都存在以下两大问题。

1. 东拉西扯，与主题无关

很多新手刚开始写作的时候，不清楚开头要怎么写，有时为了强行引出下文就硬着头皮写，这样很容易出现无限拉长逻辑、东拉西扯进入不了主题的情况。

新媒体文章讲究短、平、快，想让读者对你的文章感兴趣，一定要在开头的三句话内吸引住读者。

开头不要写太多和主题无关的内容，要时刻记住"开头的每一句话都不能是废话"，一定要利用好开头的每个字。

给大家举个例子。

之前有位作者想写一篇文章，题为《我劝你做个"为自己着想"的人》，起初的开头如下（括号内文字为点评）。

大方，是一种美德。（**这属于"正确的废话"，即大家都知道的道理**）

可万事皆有度，过犹不及，任何关系都要有底线。（**这里拉长了逻辑，多了一个转折"底线"**）

心理学家阿德勒提出过一个重要的概念"课题分离"，即人与人之间最重要的就是区分好："什么是你的课题，什么是我的课题。"（**"课题分离"跟"为自己着想"无关，这里跑题了**）

每个人守住自己的本分，承担自己的责任，彼此思想可以一起碰撞，但生活绝不过度捆绑。（**这句也跟主题无关**）

适度的自私，才是恰当的自爱。（**只有最后两句和主题有关，但是写得也不好，转折生硬**）

人生顺遂，"为自己着想"始。（**表述生硬**）

这篇文章的主题是"为自己着想"，但这位作者在开头绕来绕去，一会儿讲"任何关系都要有底线"，一会儿讲"课题分离"，一会儿又讲"生活绝不过度捆绑"，这些都和主题"为自己着想"没什么关系，这就是典型的"无限拉长逻辑，东拉西扯进不了主题"。

经过编辑的修改，《我劝你做个"为自己着想"的人》一文的开头变成了下面这样。

从小到大，我们就被灌输一种思想：

"多为别人考虑，需有利他思维，要'心底无私天地宽'。"

可很多人的过度无私，其实都是在委曲求全，不断地消耗自己，直到把自己困在生活的死胡同里，退无可退。

余生不长，在不值得的事上，浪费过多的精力，才是对自己最大的辜负。

人这一生，想要活得舒服，需要留份关爱给自己。

相比之下，修改后的文章就好很多，逻辑也更顺畅了。

在编辑的修改下，开头先从反面论述"太无私的人，会不断地消耗自己"引出文章的观点"人想活得舒服，需要能为自己着想"。

开头这简单的几句话就让文章和读者产生了连接，让读者觉得这个主题"和我有关"，同时又直截了当地引出文章主题，展示了文章的价值感，吸引读者接着往下看。

2.开头没新意，缺少吸引力

第二个问题，就是开头写得没有新意，缺少吸引力。很多文章的开头都是一些陈词滥调，读者读过太多相同的文章就不想再往下看了。特别是写同一个话题的文章中经常会出现同样的金句、句式等，没有新意的开头同样会丧失吸引力。

以《人生之尺（深度好文）》为例，这篇文章主要讲做人做事的尺度，初稿的开头是这样写的（括号内文字为点评）。

听过一句话："人生需有尺，做人需有度。"

为人处世，是一门大学问。（**大而空的话**）

走过的路，遇见的人，历经的事，都在决定着我们将成为什么样的人。(**"万金油"的话，即这种话在什么主题上的文章中都能用**)

正是因为人内心深处，总有一些劣根性。(**同样是大而空的话**)

唯有时刻带上这三把尺子，才能行得端、站得稳。

文章开头第一句话就开门见山引出了主题，但是后面几句都是"假大空"的话，放在哪一篇文章里好像都没什么问题，而且读者已经看过很多类似的开头了，就会感觉这篇文章的开头显得很平淡，没有吸引力，读者看到这里可能会立马关闭这篇文章转看其他文章。

我们来看一下修改之后的开头。

前段时间看到一篇文章，作者的父亲是一名木匠。

父亲有三把尺子，一把直尺，一把方尺，一把卷尺。

直尺用来拉直线，方尺用来量直角的两边长，卷尺则纯粹是为了携带方便。

借着这三把尺子，父亲完成了无数精细的木工活。

听过一句话说："人生需有尺，做人需有度。"

每个人这一生，又何尝不需要三把尺子？

这样是不是就好很多了？

"人生之尺"这个主题，本身是比较抽象的。相比一上来就大讲道理，修改后的开头则选择通过一个小故事引入——有位木匠有三把尺子，每把尺子都发挥着不同的作用。然后通过"人生需有尺，做人需有度"这句话过渡到主题"每个人这一生，何尝不需要三把尺子"。

在修改之后的版本中，尺子从具象延伸到抽象，这么写不仅比空泛的讨论更能让读者接受，而且还给文章增加了一种哲思和巧妙的设计感。

爆款文章常用的四种开头模板

通过对团队内部上千篇爆款文章的研究，我们总结归纳出四种爆款文章常用的开头模板，分别是提问式开头、素材引入式开头、名人名言式开头、感同身受式开头，大家可以结合自己的选题，进行参考。

1. 提问式开头

提问式开头指的是开篇就先抛出一个和主题有关的问题。

这样做的好处是既可以和读者互动、引发读者思考，又可以引导读者继续阅读，寻找问题的答案，还可以自然而然地引出文章主题。

比如下面的开篇，是某篇以可可·香奈儿为载体的文章所使用的开头，开篇作者就提出了一个问题"如何去做，才能活出女人最好的样子"，具体如下。

看过很多的文章，时常谈到一个女人既要活出独立的人格，也要有足够的优雅。

那么，究竟要如何去做，才能活出女人最好的样子？

我想，这个答案，可可·香奈儿已然用她传奇又精彩的一生给出了答案。

为什么作者会选择用这个问题作为开头？

第一，因为发表这篇文章的平台，用户大部分都是女性，用和女性息息相关的话题切入，可以引起她们的注意。

第二，文章想通过香奈儿的故事讲女性的独立与悦己能力，开头的问题可以直接点出文章的这一主题，为后面讲可可·香奈儿的故事以及作者的观点作铺垫。

此外，这同样迎合了人们对问题天然会有好奇心、想知道答案的心理。

提问式开头最大的优点在于，读者一打开文章，你就通过提问让他忍不住思考，这个时候他的注意力肯定不会转移，会持续集中，关注你的文章直至找到答案。

再给大家举一个例子，有篇文章讲的是"早起对人生的影响"，开头如下。

曾有人问我："怎样才能过上自己想要的人生？"

我说，答案其实很简单，就两个字：早起。

很认同一句话："早起，是自律的低配，而自律，则是成功的标配。"

每一个清晨，都是一次新生，坚持早起，就是走出平庸的第一步。

作者在文章开头就抛出了"怎样才能过上自己想要的人生"

这样引人入胜的问题，接着给出了答案——早起。

大部分读者可能认为早起只是一件小事，但作者竟然回答说"早起就能过上自己想要的人生"，这个回答一方面紧扣主题，另一方面也让读者好奇作者为什么会这么说。

那么，提问式开头应该怎么写呢？

大家可以模仿上面两个开头的写法，以"问题＋答案"的形式打造你的开头。

需要注意的是，这里的"问题"要和读者息息相关，是读者关心的问题，"答案"则是文章的观点或者和文章主题强相关的内容。

2. 素材引入式开头

素材引入式开头可以说是新媒体写作中最常见的一种开头，利用读者对素材本身的关注以及爱看故事的心理，吸引读者阅读，并且顺势引出文章观点。

我们都知道，议论文的形式就是"观点＋论据"，但素材引入式开头的呈现逻辑是把论据放在前面，观点放在后面。

这样做的好处在于，前面有了素材铺垫，引出的观点就更容易被读者接受，也更有说服力。

文章的素材可以有很多种，比如热点、影视综艺、名人故事、新闻等，在新媒体文章中，只要是能论证文章观点的素材，都可以成为文章的开头。

素材引入式开头大致可以分为以下三类：热点引入，包括热点新闻、热门影视剧、热门综艺、热门人物等；最新大数据，包括健康类大数据、婚姻类大数据等各种官方数据；小故事大道理，包括名人故事、普通人故事、哲理小故事，漫画故事等。

（1）热点引入

热点素材自带关注度和流量，是当下人人都关注的话题。

把热点放在开头作为切入点，会让关注热点的读者好奇你对当下这一热点事件有什么看法和观点，热点引入是很好地吸引读者注意力的一种方式。

比如之前我们"洞见"作者的一篇爆文《读懂 2022（年）诺贝尔物理学奖"量子纠缠态"，我顿悟一个人改变命运最好的方式》。

这篇文章的开头就是"2022 年诺贝尔物理学奖"这一个火爆全网的热点素材，当时诺贝尔奖公布，大家都在关注获奖者是谁，物理学奖获奖者研究的领域是"量子纠缠"，"量子纠缠"也引起了广泛的关注和讨论。

他的开头是这么写的：

"10 月 4 日，阿兰·阿斯佩、约翰·克劳泽和安东·塞林格三人，基于量子纠缠的研究，共享 2022 年诺贝尔物理学奖。

刘慈欣在小说《球状闪电》中，这样描写量子纠缠：

不看，它就存在；看了，它就消失。

这个看似匪夷所思的现象，有个很直观的解释：

你有两个球，一黑一白，一个握在手心，另一个散落别处。

在你摊开手前，手里的球可以是黑色，也可以是白色，概率各为 50%。

此时球处于一种'可黑可白'的叠加态。

一旦你看到手里的球是黑色，那另一个球必然是白色，叠加态的球也就不复存在。

手里的球本可以有无数种颜色，但只要你看到一个结果，其他再多的可能性，都会在瞬间消失。"

其实不仅是诺贝尔奖公布，每天都有各种各样的热点发生，当你养成每日浏览热点资讯的习惯、对热点有一定的敏感度后，每个热点素材都可能为你所用。

（2）官方统计数据

新媒体文章中也常用大数据结果作为开头，客观的数据能把问题和现象直观地呈现在读者面前，这会让文章的观点更有可信度。

比如下面这篇文章《一个人越来越值钱的 4 种能力》的开头。

最近，看到国家统计局公布的一组数据。截至 2021 年底，中国灵活就业人员已达 2 亿，较 2020 年增加近 3 倍。

这个时代，遍地是机会，就业选择也越来越丰富。

只要你能不断提升自己，不让自己贬值，便能在时代的浪潮中，拥有安身立命的根本。

人生没有白走的路，每一步都算数。

真正优秀的人，往往都拥有四种能力，能够让自己越活越值钱。

文章以国家统计局发布的"灵活就业人员"数据作为开头，

交代了当下的就业情况，然后引出文章观点"只要你能不断提升自己，不让自己贬值，便能在时代的浪潮中，拥有安身立命的根本"，并在下文指出所需要的四种能力。

每年都会有一些官方统计的大数据发布，和婚姻相关的有结婚人数等，和健康相关的大数据有患癌人数等，和学生相关的高考、考研数据，以及和就业相关的统计数据等，都可以作为相关文章的辅助论述。

（3）小故事大道理

人的天性就是喜欢看故事、听故事，相比干巴巴的说教，通过故事来引出观点，读者会更乐于接受，如果我们平常看到的名人故事、哲理故事、漫画故事等有比较发人深思又很符合你的观点的素材，就可以用在文章的开头。

比如下面这篇文章《越无能的人，越爱挑剔别人的错》的开头。

看过一个小故事，觉得挺有意思。

有位太太经常抱怨对面的太太很懒惰：

"那个女人的衣服永远洗不干净，她晾在院子里的衣服，总是有斑点，我真的不知道，她怎么连洗衣服都洗成那个样子……"

直到有一天，有位细心的朋友拿了一块抹布，把这位太太窗户上的灰尘抹掉，说："看，这不就干净了吗？"

原来，并非别人的衣服洗不干净，是自己家的窗户脏了。

这篇文章以一个日常小故事开头：有位太太经常抱怨对面的太太懒惰，晾在外面的衣服洗不干净，最后才发现，并非别人的衣服洗不干净，而是自己家的窗户脏了。最后引出文章要阐述的观点："我们总是挑剔别人的错，却忘了从自己身上找原因。"

素材引入式开头适用于大部分文章，但新手在使用素材引入式开头时容易出现节奏把握不好、过于冗长、久久不进入正题的问题，这也会让读者看不下去。

开头素材与引出观点的字数要控制在全文字数的 30% 以内，甚至控制在 20% 以内。

什么类型的文章最适合用素材引入式开头呢？

第一类：素材大于观点的文章。

素材大于观点的文章是指你的素材要比观点更出彩。

文章观点难免重复，但是素材是不断更新迭代的。相比一上来就说一个读者都知道的观点，放一个精彩的素材或许更能吸引读者的注意力。

比如《看了刷爆朋友圈的〈新版乌鸦喝水〉，我顿悟了为什么有的人越努力越穷》，这篇文章的观点是"人和人之间最大的差别在于思维方式"，这个痛点是常青痛点，观点并不新，有很多文章都写过。但相比之前别的写同一观点的旧文，这篇文章开头通过《新版乌鸦喝水》的故事引入，颠覆了读者以前对乌鸦喝水这一故事的认知，给读者耳目一新的感觉，通过开头就已经和之前老生常谈的旧文区别开了。

第二类：观点有理解难度的文章。

观点有理解难度是指文章观点比较专业、能提供信息增量，对普通人来说需要花费一定时间理解。

比如《废掉一个人的不是贫穷，而是被贫穷限制了的认知力》，这篇文章的观点是"认知低下会导致贫穷"，开头如下。

美国哈佛大学某行为经济学教授做过一个实验。

印度的某蔬菜市场很繁荣，这里生活着一群很穷的小商贩。

每天清晨，他们会向富人借 1000 卢比[①]，然后去进货，卖完可收回 1100 卢比，到了晚上，他们要还给富人 1050 卢比。

也就是说，他们一天的收入是 50 卢比。

后来这位教授告诉小贩们，如果他们不把这 50 卢比全花掉，每天只需要省下 5 卢比用于第二天进货。由于复利效应，他们只需要 50 天，就不用再去借这 1000 卢比的本钱了。

但是，没有一个商贩这样做，他们长年维持着找富人借钱的习惯。

这位教授说："那些长期处于资源稀缺状态的穷人，培养出了稀缺头脑模式，其判断和认知能力因过于关注眼前问题而大大降低，没有多余'带宽'来考虑投资和长远发展事宜。"

这是典型的认知低下导致的贫穷。

开头作者用某行为经济学教授对穷人、富人做的实验来吸引读者，讲述了实验的经过、结果、得出的结论，最后再引出文章主要观点。

如果作者开篇直接说"认知低下会导致贫穷"，让人感觉比较像是在强硬地说教，读者也只是似懂非懂。而经过实验素材的引入，给读者打造了一个故事场景，文章观点就好理解多了。

---

① 文章发表于 2021 年 8 月 24 日，按当时汇率，1 卢比约合 0.088 元。——编者注

3. 名人名言式开头

借助名人名言开头，直接点出观点，也是新媒体文章里比较常见的一种开头形式。

相比素材引入式开头，用名人名言式开头，文章节奏会更快、更直接点题。并且，用名人名言开头，有名人背书的观点自然会更有说服力。

比如《弱者合群，强者互抬，智者独行（深度好文）》，这篇文章在开头引用冯骥才的一句话，加上自己提炼的金句，行文简洁不啰唆、干净利落地完成了开头部分的创作，开头如下。

冯骥才说过："平庸的人用热闹填补空缺，优秀的人以独处成就自己。"

拉开人与人差距的，不是智商，也不是情商，而是一个人与世界的相处方式。

弱者盲目合群，结果失去自我；强者互相搭桥，方能彼此成就；智者善于独处，自然内心丰盈。

名人名言式开头可以说是单刀直入、开门见山，没有任何多余的话，比较好上手，也是大部分写作新手在写作时经常选择的开头模板。

但是需要注意的是，名人名言的选择非常重要，最好不要选择过于冗长、和主题关联度不大的，要选择读者比较熟知的作家写的有道理的金句来引入。

尽量将开头部分控制在 100 字内，让读者在最短的时间内清楚你这篇文章的重点，从而判断自己感不感兴趣、愿不愿意继续往下看。

4. 感同身受式开头

感同身受式开头是指结合文章的主题和读者群体，打造读者可能会遇到的一种心境或场景，让读者一下子产生代入感的一种开头。

提问式开头引发读者思考，感同身受式开头更多的是引发读者共鸣。

比如《别让"垃圾快乐"毁了你的生活》一文的开头是这么写的。

很多人都有过这样的时刻：

本想刷一会儿手机就去睡觉或者读书。结果手指一动，滑开手机，就再也停不下来。

看看朋友圈的消息，看看微博上的热搜，玩玩小游戏，刷刷短视频。

结果不知不觉中，时间已过去大半，懊悔、心痛瞬间涌上心头，可再追悔，也已于事无补。

其实刷手机、玩电子游戏、打麻将等带来的都是"垃圾快乐"。它虽然短暂地带来了快感，但是极易让人丧失自控力并沉迷其中。

长期沉迷于"垃圾快乐"，不仅伤害身体健康，还消磨意志力，让一个人走上人生的下坡路。

在文章的开头，作者打造了每个普通人都可能出现的沉迷"垃圾快乐"的情景和心情，有相同情况的读者马上就能联想到自己，感觉作者在写"我的生活"，这会让读者很有代入感，当读者感同身受了，他就会对你的文章产生想读下去的欲望。

这类感同身受式开头看起来容易写，但是想写好并不容易。

分享两种简单、容易上手的写这类开头的方法，分别是刻画典型脸谱和打造典型场景。

第一种方法，刻画典型脸谱——你的身边是否也有这样的人？

所谓刻画典型脸谱，是指描述我们身边一些很典型的人身上具备的共同特征。

比如喜欢抬杠的人、整天喊着要努力但从来不行动的人、天天给别人灌输负能量的人……像这些事，只要一提起，大家就有画面感了。

在文章中，我们可以用简单的几句话刻画典型脸谱，让读者一下子就能产生代入感。

举个例子。

你的身边，有没有这样的人？

明明做错了事情，却死活不肯低头；明明不懂的东西，非要假装很懂。

做任何事情，都喜欢强出头；在别人面前，永远不甘示弱。

他们看起来很强大，实则不堪一击。

第二种方法，打造典型场景——你是否也有过这样的经历 /

时刻？

所谓打造典型场景，是指打造生活中很多人都经历过的相同场景，通过寥寥数语还原几个小场景，让读者产生代入感。

举个例子。

不知道你有没有这样的经历：

加班到深夜，想发个朋友圈抱怨一下，文案都编辑好了，发送的时候却犹豫了；

接到父母电话，本想聊下工作的烦恼，可话到了嘴边，却换成了"我很好""别担心"；

听到朋友吐槽工作，原本想要参与其中，倾诉自己的焦虑，最后想想还是算了。

在写感同身受式开头的时候，需要注意两点。

（1）不能太空泛，要具体一点

之前"洞见"收到投稿《沉默，是一个人最高级的修养》，其中有一段要举几个典型的例子，描述我们平时被人曲解、百口莫辩的场景。

这篇文章的作者的第一版开头如下。

在日常生活中，类似的误解并不少见。

在工作中被同事误会，你越解释，他越觉得你在推卸责任；

在感情中被爱人误会，你越解释，对方越觉得你有所隐瞒；

在生活中被旁人误会，你越解释，对方越觉得你底气不足。

这段内容其实看起来还算凑合，但是最大的问题就在于太空泛了，具体是什么样的误会，怎么解释，读者还得自己去思考，代入感不那么足。好的场景化描述需要给读者还原一个具体的场景，让读者一下就能产生代入感，不需要自己思考。

（2）不能太极端，要符合大多数人的现实生活

同样还是上面的例子，作者的第二版改成了下面这样。

日常生活中，类似的误解时有发生：

你答应同事一起加班完成某个紧急项目，可是孩子突然高烧，你必须马上回家，同事却认为你故意推脱工作；

下雨天，你遇见没带雨伞的女同事，于是好心送她回家，被妻子误会你拈花惹草；

你请朋友吃饭，因为付钱时接了一个重要来电，被人抢先付了单，朋友便到处说你虚情假意。

这一版解决了"空泛"的问题，场景比较具体。但是仔细看这3个场景，会有一种感觉：这些场景并不是生活中经常会发生的，是极个别的特例。

最终，这段描述在编辑的指导下改成了下面这样。

生活中，很多人也曾经历这样的情况：

在单位与领导私下交好，有的同事便说你趋炎附势；

在朋友圈分享出国旅行的照片，有人就认为你变相炫富；

辞职回家创业，邻里便传言你在大城市过得很不如意。

很多时候，事实并非眼前所见，但我们却百口莫辩。

想要写好一段场景化描述其实并不容易，除了多研究、多练

习，还需要写作者平时多留心生活，这样才能更好地找到会引发普通人共鸣的点。

第 3 节　如何写出高点赞数、高转发量的结尾

诺贝尔经济学奖获奖者、心理学家丹尼尔·卡尼曼提出过一个"峰终定律"，是指人们只会记住处于高峰时和结束时的体验，如果在这两个时刻的体验是愉悦的，那么人们对整个体验的感受就是愉悦的。

举个例子，很多人都玩过过山车，而且经常需要排队一小时甚至两小时才能轮到自己，最终玩的时间却只有一两分钟。

在这个过程中，大家对哪些事情最记忆深刻呢？

一般我们会对从顶端往下俯冲带来的刺激记忆犹新，以及对结束时的兴奋感有深刻记忆，二者其实就是一个"峰"和一个"终"。至于排了多长时间的队，反而可能没什么记忆了。

"峰终定律"也被很多商家用来提升顾客的满意度。一个典型的例子就是宜家，去过宜家的人都知道宜家在出口处会售卖一元一个的冰激凌，并且这款最基础的冰激凌一直都不涨价 ①。很多人不明白宜家为什么要干这种不赚钱的事情。原因其实很简单，顾客在购物结束之前，吃到一个美味、便宜的冰激凌，之前又累又

---

① 宜家的一元冰激凌已于 2022 年 6 月 28 日停止售卖。——编者注

挤的购物体验便会被抛到脑后。一元的冰激凌看似不赚钱，却能大大提升顾客的满意度。

举这两个例子，是想告诉大家"峰终定律"在生活中随处可见，并且在新媒体文章中也同样适用。

在新媒体文章中，文章阅读量由两个部分组成，第一部分是"第一次转化"，指关注了这个公众号的读者看到你的推送会被标题吸引并打开这篇文章，这部分阅读量的高低与文章的标题有直接关系。第二部分是"二次打开"，即读者转发文章之后带来的阅读量，这里的二次打开和文章内容质量有直接关系，文章的结尾在里面起到重要作用。

之前审稿的时候，我发现很多作者写文章时不重视结尾，要么草草结束，要么根本就没有结尾。读者看到最后会很疑惑，觉得这篇文章虎头蛇尾，写得很敷衍，阅读体验也会很不好。在这种情况下，这篇文章就失去了"二次打开"的机会，不管你前面的内容写得有多好，也会功亏一篑。

文章结尾是距离读者点赞、评论、转发最近的地方。如果你整篇文章的内容都写得不错，并且结尾能够更进一步，让读者的情绪达到高潮，觉得你写得太好了，或者让读者彻底被你说服，那么读者很有可能会转发你的文章。

所以，文章结尾不容忽视，想要写出高点赞数、高转发量的文章，你必须花时间精心打磨你的结尾，在文章的最后"推"读者一把。

爆款文章三种常见结尾方式

前面我们说过，结尾的作用是吸引读者点赞、评论、转发，那么怎样才能做到这一点呢？

"洞见"内容团队多年来研究了很多高点赞、高转发的爆款文章，我们总结并发现了爆文通常以以下三种形式结尾。

1. 激发情绪，引发共鸣

激发情绪就是让读者看完能够立刻产生"写得太好了，完全说出了我想说的话"的情绪。

我们先来看公众号"闲时花开"的《昨天，超市里那群老人，让我想起撒贝宁的忠告："不要随便把父母接到身边！"》，这篇文章讲的是那些为了帮子女带小孩，从农村搬到城市，但是产生孤独感、不适应感的随迁老人的故事，呼吁我们对年迈的父母要有更多的理解和陪伴。

它的结尾是下面这样写的。

父母陪我们长大，我们要陪他们变老。

我们踩着父母的肩膀，来到更大的城市和平台，也要给他们更多的耐心和守候，让他们晚年舒展、健康。

话说，有一次，我故意问特别宠溺我的孩子的我妈："妈，我和孩子，你更爱谁啊？"

结果，我妈想都没想就说："那当然是你，因为你才是我的宝儿。"

不知道为什么，听完我妈不假思索的回答，我竟然流了泪。

还是妈妈的宝贝，是生而为人最大的金贵。愿你是父母的宝贝，愿你拥有这样的金贵。

随迁父母，不变是爱。重阳已过，但爱永恒。

为了1800万候鸟般的随迁老人，愿你们点个在看，分享出去，和更多人一起关爱父母。

站在读者的角度看这个结尾，你有什么感受？

是不是内心多多少少都会感到心酸和愧疚？是不是联想到自己的父母了？是不是还想转发到朋友圈分享一下自己的感受，甚至还想呼吁朋友圈中的好友一起关爱父母？

当你作为一个读者有上面的感受，甚至后面还想有二次转化的动作时，作者写这个结尾的目的就达到了。

如果我们站在作者的角度分析这个结尾，可以发现什么呢？

这个结尾最后把话锋转向了读者，让读者产生共情。结尾采用了很多有力量感的句子，诸如"我们踩着父母的肩膀，来到更大的城市和平台""还是妈妈的宝贝，是生而为人最大的金贵"等，这样的金句有着极强的情绪感染力，会引发共鸣。

2. 强化观点，引发认同

我们也可以根据文章的内容进一步提炼观点，让最后的结尾成为对整篇文章的总结，实现价值观的升华，引发读者的认同感。

比如《最好的家风：大事商量，小事原谅，不争对错，不翻旧账》，从标题上就可以看出这是一篇框架式文章，标题即是文章的主题，文章的段落小节也清晰明了，4 个小节的分论点分别为"大事商量""小事原谅""不争对错""不翻旧账"。

而它的结尾是这么写的。

有句话说得好：

"家，不是战场，不需要摇旗呐喊，论出胜败；家，不是棋盘，不需要小心翼翼，处处提防。"

一个家，应该是我们一切的起点，归来的方向，是我们永远的避风港。

家里的每个人，大事多商量，小事请原谅。不争对错，不翻旧账。

如此，一个家才会更加温柔缱绻，越过越好。

这篇文章的结尾把整篇文章的核心观点又强调一遍，强化了文章的观点。

这样做有什么好处呢？

从结构上看，这样做起到首尾呼应的作用，整篇文章的结构因此变得很完整。对读者而言，作者再一次强化了文章的观点，能让读者产生很强的认同感，从而触发读者二次转化的动作。

如果你经常看新媒体文章，就会发现很多文章的结尾都使用了这样的写法——通过强化文章观点引发读者的认同。

3. 制造话题，引发讨论

有人说："社交媒体时代，话题就是社交货币。"让某个话题成为社交货币，能促使你的文章更广泛地传播。

和微博热搜榜、知乎话题榜等社交媒体热搜榜一样，各大社交媒体平台常常用制造话题的方式引发用户的讨论和参与。新媒体文章也是如此，通过抛出话题作为结尾，让读者参与其中，提高读者的参与度、表达欲和转发欲。

比如公众号"王耳朵先生"发布的《男不娶女不嫁，3亿人围观江浙地区"两头婚"：究竟什么样的人才适合结婚？》这篇爆文的结尾部分。

2021年到来之前，希望所有年轻人都能在走进婚姻之前，问自己一个问题：

如果结婚后，你依然要像单身时一样，努力、自律、独立，你还愿意结婚吗？

愿意，说明你对婚姻有正确的认知，结婚容易让你幸福。

如果不愿意，太好了，恭喜你和你的对象，都躲过了一劫。

别像玩王者荣耀一样，输了就说队友"菜"。

其实按很多人的操作，单挑也赢不了。

这篇文章的观点是"结婚之后夫妻双方也需要保持独立"。如果按照常规写法，文章结尾可能总结、升华一下就平平无奇地结束了，而这篇文章的结尾的特别之处就在于作者抛出了一个问题："如果结婚后，你依然要像单身时一样，努力、自律、独立，你还愿意结婚吗？"

这使得文章的结尾突然就变得很有意思。首先，这不是随随便便问的一个问题，而是一个跟读者切身相关的问题，不仅能够引发读者的思考，也会引发他们的讨论和转发。

其次，作者设计的这个结尾是有互动感和对话感的。正如前文所说，结尾是距离读者点赞、留言最近的地方，所以当作者在结尾设置了这个问题后，读者的参与感一下子提升了，自然而然会有很多人在留言区发表自己的看法，甚至把文章转发到朋友圈表达自己的观点和立场，这也反哺了内容观点的延伸和数据曝光的增多。

爆款文章常用的四种结尾

1. 总结升华式结尾

结尾是升华文章价值的最佳途径。一个寓意深刻、振奋人心、意境高远的结尾，会让读者顿觉作者的用心，也会为文章画上一个完美的句号，有价值的总结升华更能引发读者的思考，让读者有所感悟，让整篇文章的水平更上一个台阶。

比如《一个人顶级的修养，是和颜悦色》这篇文章的结尾。

真正有教养的人，不会轻易把自己糟糕的一面展露在别人面前。

他们懂得体谅别人的不容易，也懂得善待身边的每一个人。

对父母和颜悦色，是一种孝顺。它让你在回顾往事的时候，可以少留一些遗憾，多存一丝温情。

对爱人平和温暖，是一份体贴。它既消弭了伴侣之间的矛盾，也让彼此的相处更加融洽。

对弱者和善可亲，是一种修养。它是一个人情商的体现，也是深到骨子里的优雅。

正如英国诗人塞缪尔·约翰逊说的：

"世界就像一面镜子，你皱眉视之，它也皱眉看你；你笑着对它，它也笑着看你。"

漫漫余生里，我们终将发现，只有对生活和颜悦色的人，才能被命运温柔以待。

这个结尾总结了文章三个小节的观点，进一步深化论述，最后提出"只有对生活和颜悦色的人，才能被命运温柔以待"，升华了文章的主题。

各大公众号文章多用总结升华式结尾，因其简单、好上手，也比较适合写作新手。

那么，总结升华式结尾怎么写呢？作为写作新手，你可以从最简单的排比句写起，把全文前三段的观点提炼成简洁精辟、句式对称的排比句。

比如《顶级的自律：没事早点睡，有空多赚钱，平时勤读书》这篇文章的结尾。

有位作家曾经说："幸福是一点一点积累而成的，人生是一天一天经营出来的。"

成年人顶级的自律，不是逼迫自己做什么惊天动地的大事，而是做好眼前的每一件小事。

没事早点睡，养足了精神，才有力气解决生活的难题；

有空多赚钱，当你兜里有钱时，方能活得更加有底气；

平时勤读书，要相信精神的丰盈，胜过世间万千浮华。

这也是一篇很清晰的框架式文章，从标题就可以清晰地看出文章中的分论点结构，文章采用总结升华式结尾，用排比再次深化了分论点，让观点再一次被读者记住。

2. 名人名言式结尾

文章的结尾部分，同样可以引用名人名言。

比如《人到中年，朋友越少，生活越好》这篇文章的结尾。

宫崎骏说过：

"人生就是一列开往坟墓的列车，沿途上会有很多站，很难有人可以从始至终陪着你走完，你会看到来来往往、上上下下的人。如果幸运，会有人陪你走过一段，当陪你的人要下车时，即使不舍也该心存感激，然后挥手道别。"

行至中年，人生倒像一个车站，只是迎候的少，离别的多。

你要感谢那些曾经出现在你生命中的人，是他们让你的生命丰满。

你更应感谢自己，因为你就是你的世界，你就是家庭的温暖。

宁愿独处，也不强融；宁可孤独，也不违心。

这篇文章戳中的是常青痛点"独处"，文章的主题观点也呈现在标题上了，非常清晰。结尾引用的这段话是知名度非常高的宫崎骏在电影《千与千寻》中所创作的金句，这段话非常契合文章主题，同时也意境深远，能够让人产生共鸣。

当然，一个好的结尾不是引用完金句就结束的，作者顺着这段话的意象继续往下延伸，把焦点从金句移到了读者身上，仿佛在和读者对话，升华了文章主旨。

除了在结尾段的开头引用名人名言，还可以用名人名言收尾，比如《三观，是人与人之间最远的距离》这篇文章的结尾。

亲如兄弟的朋友，走向离散；同床共枕的夫妻，分崩离析。

三观不同，哪怕曾经关系再好，也终将形同陌路。

飞鸟与鱼不同路，从此山水不相逢。

人生有无数条路供我们选择，我们的三观，决定了自己会选择哪一条。

行至半路，你会发现三观不同的朋友，已走上了不同的道路。不必遗憾。

因为其实随着年龄的增长，我们并不是失去了一些朋友，而是懂得了谁才是真正的朋友。

最后把《千与千寻》中的一段话，送给大家：

"人生就是一列开往坟墓的列车，沿途上会有很多站，很难有人可以从始至终陪着你走完，你会看到来来往往、上上下下的人。如果幸运，会有人陪你走过一段，当陪你的人要下车时，即使不舍也该心存感激，然后挥手道别。因为，说不定下一站，会有另一个人陪你走得更远。"

两篇文章引用了一样的名人名言，但是以两种不同的方式引用。前者是先用金句引入再说理论述，后者则是先说理论述再用金句收尾，这两种方式都可参考使用。

引用名人名言作为结尾的好处体现在以下两个方面。

一方面，名人的话更有说服力。同样一个观点，由普通人说出和由名人说出，读者更加愿意相信名人说的话；另一方面，在结尾处放名言也方便读者复制，读者可以将这句话直接转发到朋友圈，不用自己再想文案了。

这其实就是我们前文提到的用户思维，作者要把自己代入读者阅读这篇文章的场景中，当读者读完一篇文章想分享、想留言的时候，要给读者备好这个"分享文案"。

当然，引用的名人名言一定要非常契合文章的主题、观点，不能随便引用，更不能为了引用而引用。大家平时一定要有意识地多积累一些名人名言，建立属于自己的素材库，这样写文章的时候就能用得上。

3. 祝愿劝慰式结尾

祝愿劝慰式结尾是在文章的结尾像朋友一样劝慰读者，对他们的生活和未来寄予美好的祝愿。

比如《余生很长，放过自己》这篇文章的结尾。

以前，我们常常会为一些人而乱了心绪，为一些事而难过不已，却不知恍惚之中时光早已过了大半。

直到走过前半生，才会渐渐明白，忧愁也是一天，开心也是一天。

当心灵被太多的东西绑架，就会觉得很疲倦；只有删繁就简，才会过得顺畅和坦然。

往后的日子，愿我们能学会放过自己。

不恋过去，潇洒地与往事挥手作别；

不负现在，珍惜当下的每一分每一秒；

不畏将来，相信一切都是最好的安排。

白落梅曾说："遇见该遇见的，拥有能够拥有的，也忘记需要忘记的。"

漫漫余生，愿你有爱有温暖，活成自己的太阳。

这篇文章的结尾段就是在劝慰读者——学会放过自己，同时也对读者的未来寄予美好的祝愿："愿你有爱有温暖，活成自己的太阳。"

大家可以想象一下，你工作了一天，在很累、很疲惫的时候，如果看到这么一句话，是不是会觉得很美好、很暖心？

再比如，《不要打扰一个心里没你的人》这篇文章的结尾。

有人说："心里有你的人，巴不得你联系；心里没你的人，最怕你打扰。"

一个人不把你放在心上，你再热情，再主动，只能是满腔热血去贴冷墙；

你再迎合，再迁就，只会是打扰了别人，也轻视了自己。

你的真心很贵，不要浪费在心里没你的人身上。

愿从今往后，你所有的深情，都不会被辜负。

这篇文章的主题是"不要打扰一个心里没你的人"，结尾像朋友一样劝慰读者"你的真心很贵，不要浪费在心里没你的人身上"，这种句子有极强的对话感，瞬间拉近了作者和读者的距离，让读者在文章中得到抚慰。

这类结尾的重点在于你要揣测这篇文章的读者：他们的痛点是什么？阅读场景是什么？心里说不出的话是什么？这些话需要你替他们表达，并且表达时还需要打磨一些温柔、富有感染力的金句。

很多主打为读者提供情绪价值的文章都会采用这类结尾，用作者之笔帮读者说出他们心里想说的话，在抚慰他们的同时，也送出一些美好的祝福，让读者获得满满的治愈和希望。

4. 呼吁式结尾

什么是呼吁式结尾？这其实很好理解，就是作者在结尾处向读者发出某种呼吁，在前文的基础上进一步启迪读者或者号召读者行动起来。

呼吁式结尾能有效剖白作者的写作意图，引起读者共鸣，给读者启迪和激励，彰显文章的现实意义。

比如《有些话，永远不要对孩子说》这篇文章的结尾。

心理学教授罗伊·鲍迈斯特曾在一篇被引用超过 5300 次的论文中指出：

"（有时）坏的力量比好的强，而且消极的事物与积极的事物并不能相互抵消。"

被刺伤的心，一生都在流血。

父母对孩子说出的那些难听的话，并不能用甜言蜜语来抵消。

所以，为人父母，我们一定要格外注意自己的言行，小心我们对孩子说的每一句话。

语言是抚慰心灵的利器，也是刺骨剜心的武器。

没有一个孩子能够承受得住父母恶毒的指责和谩骂。

好的父母嘴上都有一条拉链，从不随心所欲地说话。

愿我们都能用春风化雨般的温柔，让孩子在阳光下收获爱与幸福。

这篇文章的观点是"父母对孩子言语上的伤害会影响孩子的一生"。结尾呼吁父母要"小心对孩子说出的每一句话"，这篇文章的目标群体和目的性、落脚点也都非常明确地体现在文章结尾，每个父母读完都会思考、反省自己和孩子的相处方式。

呼吁式结尾适用于比较具有教育意义的文章，旨在呼吁读者行动起来。讨论社会热点、亲子教育、环境保护等的文章常使用这类结尾，需要注意的是，一般来说，常规主题的文章不太适合用呼吁式结尾，因为这样很容易让其变成"假大空"、喊口号式的文章。

第 5 章

如何优化文章细节

第1节　如何写出打动人心的故事

美国作家安妮特·西蒙斯在《故事思维》中说过这样一句话："复杂世界，故事为王。"

这句话的意思就是故事更能吸引人、说服人。人类天生就喜欢听故事，我们听着童话故事长大。故事有情节、有悬念、有冲突、有爱恨情仇，精彩有趣。

安妮特·西蒙斯的这句话同样适用于新媒体写作。每篇文章都有要表达的主题观点，但若通篇在讲道理、说观点，未免太过说教，让人看不下去。通常，我们会借助讲故事的方式来避免说教，故事讲得好，既能打动人心，又能把你的文章想说的观点说清楚。所以，如果你能讲好故事，自然也就能写好文章。故事写得好不好，关键在于有没有感染力、能不能打动人心。

新手在新媒体写作时容易出现的一个问题，就是主题对、框架也对，但是行文总是差点意思，出现这个问题的原因大多是素材没用好，找到素材就直接复制粘贴，却不知道如何加工。

新媒体写作里的素材大多是故事，所以学会讲故事，就是学会如何写素材。

写作新手写故事时常见的三大误区

1. 人物、事件交代不清楚

讲故事时，最重要的就是要让别人知道发生了什么。写故事有基本的三要素：人物、背景、情节。也就是讲清楚什么人在什么情况下发生了什么事情，这是讲故事时要满足的基本的三要素。

但是有些写作新手在写故事时会漏掉故事发生的背景，又或者是没有介绍清楚人物。比如"洞见"有位作者在刚开始写新媒体文章的时候写过蒋方舟的故事，她直接说蒋方舟在什么情况下发生了什么事情。当时我给她的修改意见就是：多数读者可能不认识蒋方舟，直接讲述故事情节会让读者一头雾水，不明就里，任何情况下都不要预设你的读者知道这个人，或者看过这个故事。

后来这位编辑在标题中加入了一定的背景铺垫，读者看到标题后立刻就能知晓故事的主人公是什么人，而不再只是看见一个简单的名字。

所以，大家要记得不断审视自己写的故事，审视故事中人物、背景、情节的表达是否都清晰、到位。

2. 使用"百度百科式"语言讲故事

写作新手写故事时经常使用"百度百科式"语言讲故事。

什么是"百度百科式"语言？就是比较有新闻感、官方的语言，这类语言的特色就是没有感情色彩，写作者持中立、客观的态度。如果我们是写新闻稿或官方的发言稿，一般会使用这类语言，因为这类稿件的写作目的是提供信息，而不是调动情绪。

但在新媒体写作中，如果想要感染他人，没有态度、没有感情色彩如何打动人心？

比如下面这段信息：

2005 年，94 岁的杨绛因病住院，在住院的 2 年时间里，她写下了《走到人生边上》。

这就是"百度百科式"语言，该说的信息都说了，但读者难以体会到这个事件背后的情感表达。可试着修改如下：

2005 年，94 岁的杨绛因病住院。

躺在病床上，她就一直在参悟生与死、命与运、灵与肉这些最本质的问题。最终，在与衰老、疾病的斗争中，杨绛耗费两年时间，完成了这本四万多字的著作：《走到人生边上》。

信息是一样的信息，但是经过处理，有了更多表达情绪、行为的文字，比如"参悟生与死""与衰老、疾病的斗争""耗费两年"等，这段信息看起来也就更加感人。

同样一个故事，不是简单地用"百度百科式"语言把信息讲完，而是用你的文字再创造，让它更生动、更有态度、更打动人。这才是优秀写作者的能力。

3. 把握不好故事节奏

写作新手写故事时容易把握不好故事节奏。前面我们说到"故事要交代清楚"，但有些人把故事交代得太清楚了，让文章显得很拖沓，或者有些地方应该展开讲，却只是一笔带过。讲故事也要有侧重点，哪里多讲，哪里少讲，写作者都要清楚地知道。

这时候可能有人会问了："那实际写的时候还是没有思路，不知道哪些是重点，哪些是非重点怎么办？"

这个问题也很简单，答案就是根据你的观点倒推逻辑，想清楚你为什么写这个故事，你想通过这个故事告诉读者什么。

这种方法就是根据文章想要传递的观点、情绪，倒推要重点讲述的内容，并以此把握行文节奏。

这便是行文的思路。不知道如何下笔、没有思路的新手，可以按照这种思路，根据自己想要传递的观点、情绪倒推行文。

万能故事公式"ABCDEF"

美国印第安纳大学创意写作教授凯瑟琳·褒曼提出过一个关于写故事的万能公式"ABCDEF"，这个万能公式可以让你清晰把握写好一个故事应该注意哪几点。你可以用这个公式写小说，写人物稿件，写各类观点文、亲子教育文，甚至是演讲稿，只要涉及故事都可以使用。

在这里，我主要针对观点文这一文章类型进行分析。

首先，我们来看一下"ABCDEF"具体指的是什么。

A（action，动作）：主人公平静的生活被打破，人们突然想做一件事；

B（background，背景）：介绍故事发生的背景；

C（complication，复杂性）：发生的事件中出现问题，产生冲突，人们陷入困境；

D（development，发展）：如何解决这个问题，采取了什么行动；

E（epiphany，顿悟）：突然醒悟，明白了此前不知道的道理；

F（finale，结局）：人物以后的生活如何，变好了还是变坏了。

这一万能故事公式由动作、背景、复杂性、发展、顿悟、结局构成，一个吸引人的故事基本上都是按照这个逻辑来撰写的。接下来，我们一一拆解这几个部分。

1. 动作

动作是指主人公平静的生活被某个不一样的事件打破，也就有了故事的开端。一般来说，刚开始讲故事时，我们要交代为什么发生了这个故事，答案一般都是主人公做了什么动作。

比如，某个故事素材中的一句话："一个公司的职员，一直过着安静平淡的日子。有一次，他闲来无事，花两元买了一张彩票。"闲来无事买了彩票，这就是不一样的动作，这个动作引起了读者关注，让读者好奇后面要发生的事。

2. 背景

背景是指故事发生的时间、地点，或者是对人物、事件起作用的历史情况或现实环境。

背景和动作有一个很大区别：动作是指发生在主人公身上的事件，而背景一般是指客观环境，比如时间、地点或当时的社会背景等主人公没有办法决定和改变的事实。

比如"洞见"的作者的原创爆款文章《惊人的因果定律：善良的人，根本不会吃亏》里，有一个素材就提到在郑州暴雨中逆行的急救实习医生于逸飞被医院录用转正的故事。

这里讲到的实习医生救人的故事，交代了故事发生的背景是郑州暴雨，时间就是灾害发生时，地点是郑州地铁 5 号线。

为什么讲故事时要交代背景呢？因为这能够帮助读者很快地将自己代入故事，马上想象出故事发生在什么场景里。

短篇小说或长篇小说一般都会用比较多的篇幅描写背景，因为作者一般会通过背景渲染氛围。

但是在观点文里，不需要使用太多篇幅去描写背景，我们交代背景的目的是让大家更了解事件，而且新媒体写作有"短、平、快"的特点，背景描写不宜过多，更多的篇幅应该花在故事的冲突、情绪和分析上。

3. 复杂性

复杂性是指事件中发生的问题，产生的冲突矛盾，令主人公陷入一个困境。

复杂性可以说是故事里最精彩的地方，我们看到冲突，就会期待这个困境被解决，之后会发生什么，这就引发好奇心、吸引读者。

人生不可能一帆风顺，所有的故事里面都会存在复杂性。写作者需要找到故事里的复杂性，并在写作的时候将其体现出来，作为故事中最吸引人的关键环节，让故事看起来不那么平淡、有转折、戏剧化。

4. 发展

发展是指主人公在面对冲突时做了什么，即情节的发展方向。

还是以郑州暴雨时于逸飞在地铁 5 号线救人的故事为例。写完他无惧危险逆行救人，那么后续他做了什么呢？这也是读者想要看到的。而在这篇文章中，作者紧接着就写出来了——他和身边的人合力救出来十几个人，这就是故事的发展。

他和身边的人合力伸手从水里，救出来五六个小孩，五六个大人。

地铁工作人员拿出医疗箱，他从里面找出绷带，替那些受伤的人包扎，他跪在地上，为救上来的人做心肺复苏和人工呼吸。

等到急救人员到达现场，他已经指导大家，救助了十几个人。

从下午 6 点到午夜 12 点，于逸飞几乎一直跪在冰冷的地板上，为伤者做人工呼吸和心肺复苏，膝盖跪烂了，鞋跑丢了，脚也被玻璃划伤了。

直到午夜 12 点，体力耗尽的他才离开现场。

所有故事都要讲发展，发展是情节里重要的一环，读者看完故事的冲突会期待事情接下来的发展，讲发展是作者给读者的交代，让故事完整，也方便我们拿故事来论证观点。

5. 顿悟

顿悟就是突然醒悟，明白了此前不知道的道理。

在长篇小说里，主人公在故事发生后，一般都会有顿悟，比如，从一开始的迷茫到最后慢慢找到了冲突的答案，又或许冲突是没有答案的。

而在新媒体写作里，顿悟一般是由作者产生的，作者通过自己写的故事，顿悟出一些观点，然后把观点传达给读者，顿悟的内容也都和写作主体相关。

比如这个故事：敏茹在同学聚会上和同学倾诉加班很累没有休假，换来的却是同学的冷嘲热讽，觉得她的工作很体面，没什么好抱怨的。

作者通过敏茹同学聚会的故事，顿悟出这个观点：成年人不要过多地和别人抱怨你有多苦、多累，因为每个人都有自己的苦和累，都有自己的悲欢，不要指望别人能去理解你。

我们在写故事的时候，顿悟其实就是我们从故事里总结出观点，而且这一观点一定要和故事贴合，不要脱离了故事本身，也不要脱离文章主题。

6. 结局

结局就是人物因为这个故事最终发生了什么变化。

在敏茹的故事里，她在同学群里再也没有讲过话，也再没有抱怨过；在实习医生于逸飞不惧危险救人的故事里，他被医院正式录用，同时他的故事也感动了千万网友。

结局代表着这个故事的落点。

如果是好的结局，我们通常会觉得这是个正面的故事；如果是不好的结局，我们会觉得这是个负面的故事并将此作为警示。结局和发展很像，甚至有时候二者是融在一起的。

结局也是故事里的最后一个部分，如果是小说，写到结局小说基本上就可以结束了；如果是新媒体文章，结局之后还要加一个议论的部分，以此延伸出更多的思考。

新手写作时，如果没有逻辑思路、不知道如何组织，可以直接套用这个公式，从以上这几个维度按顺序去写。其中，顿悟也可以放在结局的后面。

需要注意的是，记得要以情动人，故事要真实、要有态度，而且作者要对自己所写的故事倾注真情实感，你的故事首先要打动你自己，只有这样，它才能打动别人。

让故事更精彩的五大技巧

通常写作新手写故事时，一般都是简单地写出故事中发生了什么，然后加以论述，但这样写的话容易出现两个问题：第一，故事没有起伏，很平淡，也就没有吸引力；第二，故事和观点容易脱节。

而要想改变这种情况，让故事更精彩，通常可以考虑使用以下五个技巧。

1. 明确一个主题

写故事和写文章一样，一定要有一个主题，没有主题，文章就有可能写散、写乱了。尤其我们找素材的时候，通常是确认了分论点才找故事素材，但是我想问大家一个问题：你在使用素材写故事的时候是否给你的素材提炼了主题？

在故事中，主题就是你想突出什么，想通过这个故事表达什么观点。

比如，"洞见"的作者之前写过一篇文章叫《你的情绪价值，是一种顶级的善良》，标题即主题。在这篇文章里，作者第一段的分论点是"与人相处时，给予快乐"，并在这个段落里面讲了金庸和蔡澜的故事。

他们的故事应该怎么写呢？是写他们是谁，是怎么成为朋友的吗？

都不是。

这就回到了作者为什么要写这个故事，就像前面说到的这段的分论点是"与人相处时，给予快乐"，那么作者写这个故事就是为了论证这个分论点，所以故事的主要情节就是"金庸和蔡澜出去游玩时，蔡澜如何给人带来快乐的体验"。

写这个故事的时候不能拖沓，要直接围绕能体现蔡澜与人相处时的细节来写。

我们可以一起看下这位作者是怎么写的：

金庸曾给蔡澜的书写过一篇序，里面提及两人之间的友谊。

金庸喜欢和蔡澜四处游玩。

蔡澜的潇洒和有趣，常常能驱走沿途的阴霾与不愉快。

他从不抱怨食物不可口，不抱怨汽车太颠簸……

最便宜辛辣的意大利土酒，他喝得津津有味；新加坡大排档上的小吃，他也能品尝出不一样的味道。

蔡澜教金庸如何吸牛骨髓，看到金庸皱眉头，他在一旁开怀大笑。

和蔡澜一起喝酒、谈天，是金庸生活中一大乐趣。

金庸后来身体抱恙，每逢宴席，仍喜欢坐在蔡澜旁边。

金庸对此解释说，因为跟他在一起，就感到欢乐。

和情绪价值高的人在一起，无论是身处泥淖，还是遇到挫折，生活都可以过得有滋有味。

被人以正能量滋养，是难得的幸运；以好情绪滋养他人，是顶级的修养。

如果你没有提前明确你写这个故事是想表达什么，就很容易写一些其他的无用信息，让你的文章节奏变得很慢，故事很平淡。

一篇文章也好，一个故事也罢，一定要围绕一个明确的主题，如果你没有一个明确的点引导读者，让他产生认同感，那你这个故事就是失败的。

2.区分主次关系

很多人在写故事的时候喜欢做大量的铺垫，但有些铺垫是必要的，有些铺垫完全就是多余的。讲故事的时候一定要抓住重点信息，去掉次要信息，直奔主题，留下最有价值的部分，用一百字甚至几十字就把事情交代清楚。

我之前看过一篇投稿，作者以某电影中主角因没有让座被"网暴"的故事来论证"不要轻易评价别人"这个观点，但是在写作过程中她却用很长的篇幅描写主人公确诊癌症后的内心活动，反而对真正的重点信息——公交车上的指责、后续的"网暴"一笔带过。

这就是没有分清主次关系，只有删掉多余的信息，才能让文章的主题更加明确，信息也更加清晰。

3. 制造矛盾冲突

平淡无奇的故事自然无法让人在内心掀起波澜，所以作者需要不断制造矛盾冲突、增加看点，让故事变得更吸引人。

我根据多年的内容创作经验，把冲突分为四种类型，大家可以在写作中尝试基于这四种类型制造矛盾冲突。

（1）人和人的冲突

人和人的冲突是最常见的冲突。一般是指人和人之间价值观或利益的冲突，也包括亲密关系中的一些冲突。

比如，前面我们提到敏茹的故事，她觉得自己工作很累了，同学却觉得她的工作很好，该知足了。这里就是人和人的立场与价值观不同产生的冲突，站在敏茹的立场，自己因为工作强度大很累；而站在同学的立场，敏茹在做着人人羡慕的工作。这个冲突是在生活里经常出现的，你觉得很累、很苦，但是别人却不这样认为，人类的悲欢并不相通。

作者通过这个冲突来打动读者，让大家感同身受，告诉读者：成年人的世界，很多时候委屈都要自己扛，没有办法指望所有人都能理解、体谅你。

人和人的冲突还有很多，如和朋友、亲人、爱人、陌生人等的冲突。我们在描写人和人的冲突时要让文字更生动，可以用对话刻画出当时的场景，多描述一些细节让读者的感受更真实。

还以敏茹的故事为例，提到她同学的冷嘲热讽，作者就用对话来展现，也加入了很多语气词，这样读者即使只看文字也能感受到当时的那个场景。具体如下。

一次班级聚会，工作不错的敏茹大倒苦水，说自己最近状态很不好。

经常加班，很长时间都没休过假，身体和精力都到了一个承受极限的边缘。

原以为自己的倾诉，会得到同学的安慰，没想到换来的却是冷嘲热讽。

"这么体面的工作还抱怨，也太不知足了吧？"

"要不咱俩交换一下工作，我保证比你撑得住。"

从那以后，敏茹在同学群里再也没有说过话，也没有在朋友圈里抱怨过。

（2）人和自然的冲突

自然是指自然规律、天意，人是生存在这个自然世界里的，很多事情并不是人能够控制掌握的，这时候就会出现人和自然的冲突。

站在新媒体写作的角度上，一般我们在描写人和自然的冲突时不会太抽象，会更接地气一些。

往小了说，可以是熬夜与人的身体机能发生的健康冲突，往大了说，可以是生与死这一人们无法改变的冲突。

往更大了说，可以是人和自然世界发生的冲突与对抗。比如前面说到的冒着暴雨的危险逆行救人等，这就涉及人在和自然世界发生冲突时所做的选择。通过人和自然世界的冲突与对抗，体现人物的英雄性，塑造了普通人的不凡之处。

（3）人和社会的冲突

在新媒体写作里，人和社会的冲突同样不会上升得太抽象。怎么去理解人和社会的冲突呢？我们可以想想人和社会有哪些联系；工作是要在社会里找价值感；金钱是人在社会的生存所需；出行交通也是人在社会里的日常。

这些也是写文章时非常常见的冲突设置，很多文章都是描写工作太辛苦、太委屈该如何坚持，也有因贫穷而生活艰难的，等等。

（4）人和自我的冲突

最后一个冲突就是人和自我的冲突，听起来有些抽象，但这是观点文写作里用得最多的冲突。

人这一生，其实都是在和自己博弈。你渴望成为一个不一样的人，但是理想总是和现实有些差距，我们会因这些差距和自己较劲儿，郁郁寡欢、迷茫、困惑、焦虑是一些人的痛点。

比如大家看下面这段场景的描写：

得知别人升职和加薪，于是抱怨自己的工作状态，越发不快；

看见别人男友送礼物，扭头嫌弃自己的老公小气，心生郁闷；

羡慕别人的幸运机会，立刻哀叹自己的命运不济，郁结于心……

这段内容通过写三段人和自我的冲突来让大家产生代入感。还有一个很常见的情况就是道理都懂，但就是控制不住情绪，且缺乏自制力，这也是典型的人和自我的冲突。

人和自我的冲突还有很多，它是最能让大家感同身受的，所以经常被用在新媒体写作里。

以上就是我总结出来的四种冲突，包括人和人的冲突、人和自然的冲突、人和社会的冲突以及人和自我的冲突，大家在写故事的时候，可以尝试去制造冲突，增强故事的可读性。

4. 刻画人物个性

人物如果没有个性，就很难感染读者。所以，写故事不能只写事不写人，写人不能让人物缺少个性。在写故事的时候，要有针对性地设置一些情节去塑造人物的个性。

例如我们知道苏轼一生坎坷，仕途不顺，但他却乐观豁达。之前"洞见"的作者写过一篇关于苏轼的名为《苏轼：养一个好心态，顶得上世间一切良药》的文章。

为了突出苏轼的人物个性，在文章中，作者讲了下面这样一个故事。

苏轼刚被贬到海南的时候，因为无聊，想要抄书写书，于是和儿子苏过找了很多松枝来烧墨。

结果一不留神，把松柴堆点着了，父子二人急忙救火，才没有把房子烧了。

苏过以为父亲会沮丧，谁知道苏轼转身说了一句："烧得好，这下烟灰多得用不完了。"

明明是雪上加霜的事情，苏轼却能转变心态，苦中找甜，笑对生活。这样简单的几句话就讲述了一个故事，直接体现出苏轼这个人乐观豁达的个性。

所以，大家在写故事的时候，一定要清楚主人公是有自己的个性的，写的时候一定要记得写出他的个性。

刻画人物个性有两个最重要的方法，就是通过对话和动作展现人物个性。通过对话展现人物个性很好理解，就是写人物和别人的对话；通过人物的动作展现人物个性，就类似于上面所列举的苏轼的例子，他处理事情的方式，就体现了他的人物个性。

5. 注重细节

文章有了主题，有了人物，就像是一个人有了骨架，但人还要有血有肉，这样才是一个活生生的人。之于文章，细节就是所谓的血肉。

细节往往是最能触动人心的，如果只有大而空的描述，文章读起来就会枯燥乏味。比如清华大学"树洞"这一匿名帖子爆火网络，帖子主要讲述了一个清华贫困生在家庭极度困难的情况下，还资助了 4 个贫困生的故事。

"洞见"当时发了一篇文章叫《"清华最苦男生"突然刷屏，一天只花 10 元，两年舍不得喝杯饮料：他用一手烂牌，打出了"王炸"》。

那怎样描写他的贫困呢？如果你只是口头说他家庭很困难，就会显得平淡，也不能让读者信服，这个时候就需要通过一些细节突出他生活的艰苦。

文章里刻画了这样一个细节：

一个月的伙食费在 300 元以内；刚进大学的时候，因为拿不出来参加活动的 150 元，也就没有参加班级活动；他从来不舍得喝一杯饮料；夏天也不舍得买一块西瓜，等等。

有了这些细节的支撑，一个贫困生的形象是不是跃然纸上了？细节可以让这个故事更饱满，同时也增加说服力。

概括一下，想让故事更精彩，可以采用五个技巧：**第一，明确一个主题；第二，区分主次关系；第三，制造矛盾冲突；第四，刻画人物个性；第五，注重细节。**

最后我还想再提醒大家，写故事一定要情感真实。写故事最忌讳的就是"假大空"，一定要投入自己的真情实感，要先感动自己，让自己信服，再去感动读者，让读者信服。

我常常在审稿的时候问作者一个问题：这个素材真的打动你了吗？如果你自己都没有被素材打动，就不要想着去打动你的读者了，那种无效故事素材不写也罢。

每一次写作时都要提醒自己，要以情感为线索，在写的过程中，反复问自己：你崇拜这个人的什么？你对这个故事的评价是怎样的？只有你自己对这个故事有情感了，写出来的故事才会有情感。

第 2 节　如何寻找合适的素材

很多新手在写作的时候，常出现以下问题：有观点、有想法的，但由于素材储备不足，写上几句就不知道写什么了；投稿的时候，由于素材太过老旧，频繁被拒稿……

素材在观点文里占到 60% ～ 80% 的篇幅，一篇文章的行文好不好，素材起到了很关键的作用。所以，我们需要先来了解一下什么是素材？

新媒体文章中的素材指的就是组成文章的元素，它的形式是多种多样的，文字、图像、影视作品、人物、自制故事等，凡是能帮助你论证文章观点的都可以是素材，包括你用来论证观点的故事，引用的一张图片，又或者是你自己的经历。

如果把新媒体文章比喻成房子，框架就是梁柱结构，素材就是砖块。它填充着框架，也支撑着观点。试想，当你要和别人表达一个观点的时候，没有素材、例子的证明与论证，别人凭什么要相信你说的是对的，认同你呢？

素材的三个来源

素材来源主要包括三个，分别是个人经历 / 身边人的故事，图书、影视作品和碎片化信息等输入以及刻意搜集。

1. 个人经历 / 身边人的故事

人活在社会里，你自己的经历还有身边人的故事，都是你的素材来源。

这是从几篇文章中节选出来的段落，大家可以看出这些素材来自作者身边人的故事。

说一个发生在身边的事情，她是朋友请的一位家政阿姨，我叫她陈阿姨……

去年，老家有个叔叔的饭馆倒闭了，之前天天忙于生意的他，突然闲下来了……

我认识一位影视行业的前辈，他谈起一件往事……

我有个朋友 × ×……

公众号"妈妈抱团"的《儿子高考630分，妈妈一条朋友圈让所有人心酸：你考得越好，我越难过……》一文，选用的素材就是作者在高考出分时刷朋友圈看到的，然后以此引发思考，从真实的高考学生家长的所思所想入手，显得文章很真实，也很"接地气"。

这两天，高考成绩陆续出来了。

同事玲姐的儿子今年也参加高考，成绩出来了，考了630分，超当地理科第一批分数线100多分，心仪的北京那所211大学估计是稳了。

昨天上班的时候，玲姐和我们分享了这个喜讯，脸上满是抑制不住的欢喜和骄傲。

可午夜 12 点多的时候，我却无意中刷到了玲姐这样一条朋友圈：

"翻来覆去睡不着，儿子考得好，我应该替他高兴才是，可一想到他要去那么远的地方读书，就莫名的失落……"

我想，玲姐深夜的这条朋友圈，大概会有无数父母感同身受吧。

孩子飞得越来越高，也意味着与父母的渐行渐远。

这类素材的优点就是贴近读者生活，比较有真实感，所以读者的共鸣感也会比较强。

作为写作者，一定要仔细观察生活，做生活的有心人，才能不断探索事物的深度和广度，写出读者喜欢、有共鸣的好文章。

当然，我们也需要注意，写这类身边人的故事时不能写得太过琐碎，以免陷入"自娱自乐"。如果你的故事不是特别罕见，不能给人带来思考，只是一些无意义的琐事，那带给读者的可能就是无聊了。

适当引用一些身边人的故事当素材是可以的，但要挑贴合主题的重点内容写，并且故事需要有一定的情节起伏，必要的时候可以添加一些自编的合理的情节，让故事更加丰满。

2. 图书、影视作品和碎片化信息等输入

书籍、影视作品、综艺作品，甚至你在手机上刷的短视频，这些你平时会当成娱乐或学习的信息输入，都可以沉淀为写作素材。

大数据时代，你看到的影视作品、短视频内容，都是切中读者痛点的高点赞数内容，其中的创作内核其实和新媒体写作是一

样的，虽然展现方式不同，但都是可以互通的。

影视作品方面，比如之前的《觉醒时代》《你好，李焕英》《都挺好》《三十而已》等都有相对应的爆文产出，这些文章一方面借助了影视作品的热度，一方面又切中了读者痛点。具体如下：

《〈觉醒年代〉10 句经典台词火了：我们一生最该看透的，10 条生活真相》

《〈三十而已〉大结局曝光：人一生最该看透，这 12 条真相》

综艺作品方面，比如《中国诗词大会》《妻子的浪漫旅行》等也可以作为文章素材。

《〈中国诗词大会〉第四季，北大才女夺冠：不读诗，拿什么过好这一生》

《〈妻子的浪漫旅行〉5：婚姻没想象中好，也没想象中糟》

所以我们平时刷短视频、看电影和电视剧时，可以多多留意其中可能存在的读者痛点，让它们成为你的素材。

3. 刻意搜集

如果说上面两个素材来源都偏随机并具有一点偶然性，作为新媒体写作者，我们其实还应该养成刻意从各大网络平台、各个渠道搜集写作素材的习惯，并做好记录和积累。

我做编辑的时候，每天上班前 20 分钟，一定会浏览一下当天的新闻和各个社交平台的热搜，午休时和晚上也会抽出一定的时间，浏览各大网络平台搜集素材并做好记录，日积月累我的素材便非常丰富且多元化。

写作需要素材的时候，我已经可以做到不用临时搜集，直接从素材库中快速检索到符合主题的素材。

素材类型及搜集渠道

素材的类型其实是多种多样的，搜集的渠道也很多。下面我把常见的素材划分为六种类型，并且附上我推荐的搜集渠道。

1. 金句

搜集渠道：句子网站、知乎、微信公众号、微博等。

在一篇文章中，金句属于"画龙点睛"中的那个"睛"，能够提升整篇文章的水平。好的金句能准确戳中读者的痛点，引起共鸣，促进文章的二次转化。

新媒体写作者常用的一些句子网站包括句子控、名言通、句读等；此外，知乎问答、微信公众号也经常有摘录名人金句的集合，这些都可以作为搜集金句的渠道之一。

2. 人物

搜集渠道：纪录片、微信公众号、书籍、人物网站等。

几乎每个人都爱听故事，人物身上自带的故事性，比纯讲道理更能引起读者的共鸣，也更能提供情感体验，所以人物素材也成了新媒体文章中比较常见的素材。

同样推荐几个找人物素材的渠道。

人物类微信公众号：人物、谷雨实验室、真实故事计划、一日一度、每日人物……

人物纪录片：《面孔：20世纪传奇人物》《梁思成与林徽因》《千古风流人物》《不了神话：宫崎骏》《苏东坡》《西南联大》《河西走廊》……

人物传记：《梵高传》《老头儿汪曾祺》《苏东坡传》……

人物专访类网站：央视网人物频道、环球人物网……

3. 短视频

搜集渠道：短视频平台（抖音、快手、视频号）、梨视频等。

当下的新媒体矩阵可以说是短视频的"天下"，通常公众号文章只有十万、百万的阅读量，而短视频可以达到几千万、几亿的播放量，可见短视频的曝光度和传播度之广。

然而不管形式如何，内容的内核都是不变的，短视频内在的痛点、爆点和新媒体文章是一致的。所以，除了关注文字，我们也应关注一些短视频，学习、积累素材。平时如果看到印象深刻的短视频素材，也可以保存在素材库中。

4. 影视作品

搜集渠道：纪录片、电影、电视剧、热门综艺等。

影视作品一般都有矛盾冲突，这是编剧精心设计的情节，常常切中观众的痛点，特别是火爆的电影、电视剧更是深谙人的内心，这和新媒体文章的内核是一致的。

因此，影视作品中的故事自然就可以成为文章中情节丰富、更具戏剧性的素材来使用。推荐一些具有代表性的影视作品。

纪录片：

《人生果实》——爱情、陪伴、生活方式

《翻山涉水上学路》——劝学、教育

《人生七年》——人生、环境、教育

《急诊室故事》——人生百态、医患关系

《人间世》《生门》——直面生死、情感

电影：

大热院线电影：《长津湖》《你好，李焕英》《流浪地球2》……

经典高分电影：《当幸福来敲门》《肖申克的救赎》《霸王别姬》……

电视剧：

热度高的电视剧：《觉醒年代》《人世间》《山海情》……

经典影视作品：《红楼梦》《家有儿女》《武林外传》……

热门综艺：

文化知识类：《朗读者》《如果国宝会说话》《中国诗词大会》

《十三邀》……

婚姻情感类：《再见爱人》《妻子的浪漫旅行》《女儿们的恋爱》……

其他热门：《向往的生活》《奇葩说》《少年说》……

5. 新闻资讯

搜集渠道：人民日报、今日头条、网易新闻、腾讯新闻等。

新闻资讯也是常用的素材之一，这类素材通常来自新闻平台的报道，能够反映社会现状和一些社会热点，这类平台大同小异，大家下载一个新闻平台 App 或者关注新闻平台的公众号、微博即可。

6. 自制故事

搜集渠道：微博、知乎、公众号、天涯、豆瓣等

在一些新媒体文章中，你是不是经常看到"网友 @××× 讲过这样一个故事""知乎博主 @××× 讲过""在豆瓣看过这样一个帖子"等，对于这类普通人的故事，我们可以将其归纳为自制故事。

俗话说"艺术源于生活"，很多故事、素材，其实都是从这些故事中得来的，平时大家也可以搜集一些让你印象深刻的故事用在自己的文章中。

关于素材搜集我有两个小建议。

第一，善用关键词搜索。

不管是在什么平台，找什么内容形式的素材，都可以用关键词搜索。当你确定了主题后，就可以打开各大平台，通过搜索关键词进行素材搜集。

比如，现在你要写一篇与"情商"相关的文章，那么你可以做如下几步。

第一步，到微博、知乎、微信、句子控等平台搜索关键词，搜索出的一些相关文章、金句，选择你认为合适的使用。

第二步，除了直接搜索，还可以用"联想法"。以"情商"为例，将你联想到的人名或事件作为关键词再次进行搜索，这样就会搜出一些具体的人物故事。

第三步，使用近义词检索法，关于"情商"你能想到的相近词语可能会有"为人处世""处世技巧"等，利用近义词检索法，也可以检索、深挖出一些别人不曾发现的素材。

另外，在网络搜索素材之前，你一定要先思考确定自己需要什么样的素材，可以用哪几个关键词来搜索。因为搜索素材是比较费时的，不想好要什么就去搜索往往很容易被众多的素材困住。思考后的搜索更有针对性，也更加高效。

第二，及时关注评论区。

在浏览和搜集素材时，评论区也是一个"宝藏"。因为新闻或人物故事的评论区一般会有高赞评论，这些评论可以说是"群众的智慧"。

有的网友会在评论区分享自己的观点，或者分享自己的故事，这些都可以成为你的素材，甚至是写作角度和金句。如果这条评论位置靠前，还可以证明是受很多人认可和赞同的，那么放在文章中是能引起读者共鸣。

在搜集素材的时候，千万不要错过评论区这块"宝地"。

如何筛选合适素材

搜集素材其实不难，互联网时代网上的信息这么多，搜集完之后，我们需要重点去做的还有素材的筛选和处理。

那么，在新媒体写作中，我们该如何筛选素材？

1. 选择和主题强相关的素材

不管你找的素材有多好、多么打动人，但只要和你的主题不符或关联度不大，那就不是一个好素材。素材是用来佐证文章观点的，所以一定要和文章主题强相关，紧紧扣住主题，才能发挥素材的真正作用。

2. 选择鲜活的素材

这里要把鲜活拆分为两个字：一个是"鲜"，另一个是"活"。

"鲜"是指这个素材要尽量是罕见的、新鲜的，不能选择一些陈旧的、毫无新意的素材。

特别到写作的中后期，如果你的选题不出彩，文章中用的还都是陈旧的素材，那么你的稿子很可能被弃用。

比如，很多人一提到情感，会说起三毛和荷西的爱情故事；一提到婚姻，就会说起杨绛和钱钟书的故事……

这类素材不是不好，而是被用得太多了，有太多人写过，凡是经常看公众号文章的读者都已经耳熟能详，这就好像看过的电视剧你一般不会再看，读者也不会想要再次看到自己已经看过、知道的素材故事。

所以，当你在筛选素材的时候，可以做这样一个判断：一下子就想到的材料，往往也是别人很容易想到的，所以不要轻易选用；稍加思考就能想到的材料，也别急着使用；再三思考之后才想到的材料，往往才是独特的，这个素材才是最佳素材。

如何判断素材是新还是旧呢？大致可以通过这三点来判定。

第一，是否大部分人在你的文章中第一次看到这个素材；

第二，相较于旧素材是否有新的诠释角度或者细节出现；

第三，是否是近期的热点事件或者热点新闻。

满足一点及以上的，才能被称为新素材。

"活"是指这个素材要生动、有可看性，也就是我们常说的故事要好看，一个无聊且没什么内涵的素材，讲家长里短、鸡毛蒜皮的小事，不足以让读者停在文章页面并认真阅读。

如何判断素材是否有看点？我们同样可以大致通过以下三点来判定。

第一，是否有矛盾冲突；

第二，是否有惊人反转；

第三，是否勾起情绪，比如感动、愤怒、恐惧、共鸣等。

满足一点及以上的，才能被称为有看点的素材。

3. 选择提供增量的素材

很多时候，一个素材新鲜、生动、好看固然重要，但更重要的是你能通过这个素材延伸出观点，这个观点能佐证你的主题，并给读者提供增量。

这里的增量分为两种，一种是信息增量，另一种是认知增量。

什么是信息增量？就是一些别人之前不知道、不熟悉的事情。

比如，"洞见"的原创爆款文章《神舟十二号3名航天员家世（庭）背景曝光，原来这才是他们厉害的真相》，这篇文章通过神舟十二号3名航天员的家庭背景、成长经历去归纳使他们获得成功的共性。

平时，一般人只会看航天员的官方信息，很少深挖他们背后的家庭背景以及成长经历。这篇文章的作者就把他们背后的故事、细节拿出来讲给读者，并且总结道理，给人启发，这就提供了一种信息增量。

那什么是认知增量？就是一些之前不知道的知识或没有思考过的角度等。

比如，这篇《惊人的三大成功定律：荷花定律、竹子定律、金蝉定律》，通过列举几个读者不常见的定律来进行说理类的论述。这几个定律就给读者提供了认知增量，虽然荷花、竹子、金蝉都是读者熟悉的事物，但很多读者从未深究过背后的规律，作者通过素材的展示传递给读者新的知识，这就是认知增量。

4. 同一篇文章中注意素材组合的多样化

在同一篇文章中要注意素材组合的多样化，让素材的搭配更合理，增加文章的层次，让文章读起来更加"丰富"和"美味"，而不是一味地模板化、套路化。

（1）正反搭配

"正面素材＋反面素材"的搭配是比较常见的写作方法。

举个例子，如果你想告诉别人"早睡对身体好"这样一个观点，你会怎么进行论证呢？

正面素材可能会列举 ××× 因为早睡获得了什么样的生活，从而告诉读者早睡的好处。这里的正面素材给读者的是"向往"，读者向往素材里所描述的那种状态，但仅仅带来向往，素材的说服力还不够。

这个时候，如果再加入反面素材，讲 ××× 因为熬夜、不早睡生了病，这里给读者的就是"恐惧"了。一个观点的论证中有向往的正向影响，再加上有恐惧的反面影响，观点会更有信服力。这就是"正面素材 + 反面素材"共同论述的好处。

（2）种类丰富

一篇文章的素材不要局限于某个种类或者某种形式的内容，既可以是漫画、视频、图片，也可以是名人 / 素人故事、新闻、影视作品，多种多样的内容搭配在一起，文章会更有起伏，给人的阅读体验也会更好。

（3）详略搭配

新媒体文章的字数不宜过多，一般为 1800~2500 字，因为在互联网时代，读者的专注力很容易被其他东西分走，所以在写作时，文章中的素材不能事无巨细，要注重详略搭配。

新媒体写作中较实用的找素材工具

孔子说："工欲善其事，必先利其器。"写文章也是如此，善用工具才能提高效率。

作为新媒体写作领域的新手，掌握一些工具可以有效提高素材收集、写作、内容排版、图片制作等相关事项的效率。下面分享一些新媒体写作中常用的工具。

1. 今日热榜

今日热榜是汇聚各大热榜数据的一个聚合网站。

网站包含科技、娱乐、社区、购物、财经、政务、校园等内容，平台数据横跨知乎、豆瓣、微信公众号、新浪微博、抖音、哔哩哔哩、百度等，数据实时滚动，帮你快速获取各大平台热榜排名前 10 的内容。同时，今日热榜既可以帮你纵览各大平台的日榜、周榜、最热文章等数据，也可以帮你对各大热点进行优先级排序，找到真正有穿透力的热点，创作优质内容。

对新媒体写作而言，毫无疑问，选题是最重要的。找对选题文章就成功一半了，很多文章就是因为选题找得好，阅读量才达到"10 万 +"。

今日热榜集合了小红书、知乎、哔哩哔哩、豆瓣、微博等众多平台的热点，我们可以用这个网站搜集素材、浏览热点，养成每天浏览热点的习惯，从中寻找合适的选题内容、素材等。

2. 新榜

新榜作为优秀的新媒体数据分析平台，构建了微信公众号系列的榜单和较全面的样本库。

在新榜上，你可以查看各个行业下各个类型文章的榜单及每日爆文，了解各大公众号内容实力、学习最新、最热的爆文选题和操作。

查看方法如下：打开首页，选择"榜单""公众号"，进入微信公众号榜单页面，你可以按分类查看，可以查看日榜、周榜、月榜数据，还可以查看对应的阅读量、在看数、点赞数、新榜指数等。点击进入具体的公众号，可以查看具体账号资料、榜单数据、发布规律、内容列表等。点击"内容列表"可以查看该公众号近一周的发文情况、数据情况以及具体内容链接。

新榜中对不同领域的公众号进行排名。比如，你想写文化类的稿子，就可以查看文化领域公众号的排行；想写情感类的稿子，就可以查看情感领域公众号的排名，一般排名较靠前的都是值得我们学习的。

3. 印象笔记

印象笔记是一款笔记软件，可以保存信息、整理知识、有效建立素材库，让你随时随地保存灵感，有序生活，高效工作。

写作时，主要可以使用该软件的以下四种功能。

素材收集：一键剪切、收藏，储存网页和微信文章，快速建立素材库；

读书笔记：内有海量读书模板帮你高效完成读书笔记；

设备同步：笔记在手机、计算机、平板等多个终端会自动同步；

在线协作：多人实时在线，快速共享和协作完成内容共创。

4. 石墨文档

石墨文档是一款在线文档软件，可以满足大多数编辑的工作需要，只要有网络，人们就可以随时随地开始写作，它还支持多人协同编辑，包括文档、表格、白板等多种格式，可以让人轻松完成协作撰稿、方案讨论、会议记录、资料共享等工作。

写作时，主要可以使用该软件的以下三种功能：

稿件撰写：多人协同编辑，随时随地完成头脑风暴，在线调整稿件；

自动保存：自动保存文档，手机、计算机、平板多终端同步，避免稿件丢失；

资料共享：一键分享资料，微信、企业微信、钉钉、网页均可随时查阅。

5. 秀米编辑器

秀米编辑器是一款微信公众号图文编辑器和 H5 在线制作工具，内有海量模板素材和排版样式，还有强大的布局编辑功能，让人轻松编辑公众号图文和制作 H5 页面。

这款编辑器简单易上手，对排版新手来说很友好，可以用于微信公众号文章排版、H5 制作等。

6. 创客贴

创客贴是一个在线模板网站，提供适合不同场景或者行业调性的海报、封面图、邀请函、图片素材、PPT 及长图模板，其中的模板类别覆盖了公众号物料的方方面面，比如公众号的封面、头图（banner）和二维码等。

通过创客贴，你可以找到喜欢的模板并在线对其进行编辑，你可以修改模板的文本内容、更改文本所使用的字体、更改文本内容或图片素材的位置等。这一网站可用于微信公众号视觉物料制作、其他图片物料制作等。

7. 幕布

幕布是一个极简大纲笔记工具，它既有网页版也有客户端版，可以满足用户的多种使用场景，如快速提炼想法、整理框架、梳理思路等。它还支持一键转换形成思维导图，方便与他人沟通。

其页面简洁，没有多余的广告和弹窗，可以让写作者专注在内容上，可用于大纲撰写、思维导图制作、文章拆解等。

8.GitMind 思维导图

GitMind 是一款思维导图工具，能帮作者简化逻辑梳理过程、集思广益、释放创造力。满足在线绘制脑图、思维导图、流程图及进行项目管理等视觉思维方面的使用场景，可以用于思维导图制作、大纲撰写、文章拆解等。

9. 句子控、名言通、句读

句子控、名言通既有网页版、也有客户端，句读只有客户端，它们上面会有很多名人名言、经典语录、热门句子等，是典型的金句库，可以用于金句查找、句式学习等。

10. 壹伴

壹伴是一个用于公众号排版的浏览器插件，安装后会集成到公众号自带的编辑器中，弥补原生编辑器功能方面的不足。

借助壹伴，可以比较方便地在微信公众号内完成文章排版、图片处理、文章导入、二维码生成、链接永久化等工作，并且在微信公众号后台直接操作，方便快捷，不需要多个平台跳转。

11. 讯飞听见

我们在进行采访或者参与会议的时候，可以进行录音，然后将录音文件上传到"讯飞听见"，便可直接导出文字。

根据实际测试，如果声音清晰，正确率在90%左右，可以有效解决会议、课堂或者采访时速记难，录音后需要逐字听写、整理浪费时间的问题。

12. 微信读书

写作是思考之后的输出，只有通过大量的信息输入，我们才有办法保证自己的输出。看书就是一种很好的输入方式，除了纸质书，喜欢阅读电子书的朋友可以下载微信读书App，大部分的书在上面都可以搜索到。

该App页面干净舒服，你可以一边阅读，一边划线做笔记，还能导出自己的阅读笔记。当手边没有实体书的时候，它可以很好地解决你的阅读需求。

13. 微信

除了以上这些工具，最好用的工具还是你每天打开无数次、最熟悉的App——微信。

微信的"笔记"功能就很好用，格式简洁干净，可以作为简易备忘录，也可以用于在线写作、素材收集，同时它还支持在线保存，不用担心内容丢失，十分好用。

微信的"收藏"功能则可以收藏微信公众号、聊天记录、图片、视频、文档等资料，可以标注标签对内容进行分类整理。

你还可以建立个人微信群，群内只有你自己一个人，看到合适的写作素材、金句都可以发到里面，需要时进行检索即可。

建群方法：点击聊天页面右上角"+"—发起群聊—面对面建群—输入任意四个数字—进群—修改群名—群建立。

以上十余种新媒体写作常用的工具都可以供你使用，选择自己用得顺手的，能提高自己写作效率的，让自己的内容创作流程更加顺畅。

第 3 节　如何让你的文章越改越好

鲁迅先生说过："写完后至少要看两遍，竭力将可有可无的字、句、段删去，毫不可惜。"

所以大家在写稿的时候不要因为没有一气呵成地写出高质量的文章，或者投稿的时候被拒稿就认为自己能力不行。即使是著名的作家都要修改自己的文章，更何况我们呢？

小说写完要修改，新媒体文章写完也是如此。

完成初稿并不等于写完一篇文章了，而是精进内容的开始，之后的工作就是要修改好稿子。

在写作这条路上，每个人都会经历不少起伏，也会走不少弯路。因为亲身经历过，所以我更加懂得每个写作者在这个过程中可能面临的问题。

一个作者写完一篇稿子的时候，也是他心态最浮躁的时候。一方面，他会急切地想让人看到这篇稿子，另一方面又害怕自己的稿子会被拒绝。其实，想要上稿的心越是强烈，反而越应该沉淀下来，静心打磨自己的文章。

"洞见"的审稿机制非常严格，每个写作者在从新手到成为成熟作者的路上，至少被拒绝过上百篇稿子。但是团队的每个人始终都相信一句话："被拒稿，才是上稿的开始。"

在上稿路上，改稿是重要的一环，不要害怕失败，不怕输，才会赢。

本章将以"洞见"内容团队的亲身经验，从专业的角度出发，和大家分析常见的被拒稿原因以及如何进行有效改稿。

为什么会被拒稿

很多人在投稿的时候常常收到编辑这样的反馈："选题不合适""文字太平""文章老旧""行文生硬""情节没讲清楚""写得不出彩""咬文嚼字""通篇释义"……

看到这些回复，一些人是不是更加迷茫了？觉得自己辛辛苦苦写出来的文章，为什么会出现这么多问题？应该如何修改才能上稿呢？

很多人在写文章的时候，最容易陷入"自娱自乐式写作"，导致文章写完后通篇读下来，没有明确的主题思想，没有清晰的逻辑框架，没有合适的案例素材，没有传递出有价值的思考，等等。若只沉浸于"自娱自乐式写作"中，想到什么写什么，文章像流水账，虽然字数多，但是内容散乱，自然会被拒稿。

如何避免这个问题呢？

那就是用编辑思维写稿，跳出自我，以编辑的视角来发现问题，并给自己"改稿"。稿件被拒，通常有以下四大原因。

1. 调性不符

编辑反馈："这篇文章写得不错，但选题不符合我们的调性，建议另投。"

以"洞见"来举例，这是一个偏文化类的账号，主要收观点文，涵盖个人成长、品质修养、人际交往等方向的文章。如果你的文章属于娱乐类、职场类，就不太符合"洞见"的调性，那么即使你写得再好也很难上稿。

比如《一招教你成为精力管理的高手，摆脱忙累烦！》，这篇文章属于职场类，就不适合"洞见"。

如何判断一个平台的调性？

还以"洞见"举例，翻开洞见历史文章记录，我们会发现文章题目基本是这样的：

《最舒服的关系，不是三观相同，而是互相兼容、彼此成就》
《杨绛：水平越高的人，看不惯的事越少》

同理，如果你想清楚地知道一个平台想要什么类型的文章以及它的调性，就去翻阅这个平台的历史文章，当你看了 10 篇、20 篇文章后，自然就明白了这个账号的调性是什么，它会更倾向收什么样的稿子。

2. 文章太平

编辑反馈："文章太平，没有张力。"

所谓张力，可以理解为"弹性"，"太平"的文章就像是一根铁丝，人一眼就能看清它的形状。而有张力的文章则松弛有度，兼具十足的画面感。

文章太平，包括"整体比较平"和"文字比较平"两方面。

（1）整体比较平

一篇文章通篇没有让读者眼前一亮的东西，没有亮点，即整体比较平。从选题、框架、素材到文字，都没有让读者印象特别深刻的东西。当读者读完这篇文章后，甚至都回想不起来这篇文章有什么出彩的地方。

（2）文字比较平。

文字没有让人想象的空间，读下去感觉大多是"流畅的废话"，或者就是不够精辟，即文字比较平。大家都知道的东西，写作者如果只是随便写一下，那自然写不进读者心里。

3. 文章老旧

"老""旧"指的都是相似的文章被写过很多次了，它包括选题老和素材老两方面。

（1）选题老

微信公众号有很多，风格相同的账号也不少，而常青选题就那么几个，很多账号写来写去都是在老调重弹。如果你投稿的文章也是针对老旧选题写的，那就像吃来吃去总是吃那几个菜一样，读者对总看到的类似文章肯定会腻。

（2）素材老

很多作者写文章时用的素材都是其他文章高频用过的。通常，只有作者本身已进行大量阅读并积累了一定的经验，才能判断某个素材是否老旧。但也有一个省力的办法，就是在具体的公众号内搜索，看看这个素材在这个平台出现了多少次。大于 3 次，就算比较旧的素材了。

4. 行文业余

编辑反馈："行文业余，文字生硬，咬文嚼字，通篇释义。"

行文业余也可以从两个方面来看。

（1）主题词反复出现

这里指的是从整体来看，整篇文章让人觉得都是在解释某个词。

比如一篇关于"格局"的文章中，内容全在解释"格局"，反反复复论述"格局"这个词，并没有写什么实质性内容，这就是比较业余的行文。

有的编辑在判断一篇观点文的行文论述写得好不好的时候，常常会用一个小方法，这个小方法同样适用于作者在写完文章后进行自检：打开文档，用"Ctrl+F"查找搜索主题词，如果同一个主题词出现了 20 次甚至更多，就说明这篇文章是失败的，编辑会认为是因为作者没有多少内容输出、逻辑不清晰，文章中才会重复出现主题词。

举个比较典型的例子，曾经有一篇标题为《酒》的高考满分作文，通篇没有提到一个"酒"字，读起来却有满满的酒味，将"酒"写得淋漓尽致，让人沉醉其中。

真正厉害的作者，不会用反复提及主题词这种描写方式去扣题和进行表述，而是会通过多种多样的行文来体现主题。

（2）内容套路化

写文章有个逻辑，就是若文章满足"金句＋素材＋结论"这一行文结构，基本都能成文。但很多写作者的文章几乎每段都是"一个故事＋一个道理"，通篇下来，文章就显得比较机械化、套路化、模板化，像流水线上生产出来的一样。

要知道，文章结构不是只有三段论，还有很多别的结构；行文也不是有一个素材、一个金句、一个结论就能完成的；素材也不只有故事类素材，还有很多，比如图片类素材、金句类素材、视频类素材等。

正因如此，我们在写稿或改稿的时候，可以相应地使用不同类型的素材，避免陷入机械化、套路化、模板化，提升自己的行文水平。这也是写作新手在能够成文后写作水平再上一层楼的关键。

怎么做才能提升自己的投稿成功率

优质的文章都是改出来的。

下面，我将和大家分享"洞见"内容团队多年实践出来的

"地毯式改稿清单"，将多年内容创作经验变成可以具体执行的方法论，帮大家避免犯一些改稿中的低级错误。

1. 一改，改态度

叔本华说："世界上最大的监狱，是人的思维。"

每个人都生活在由自己的认知构建的牢笼里，所以常常会陷入固执，自以为是，而这些都是阻碍进步的枷锁。写作也是一样，有的人常常觉得自己的文章足够好，被平台拒稿是编辑"读不懂我的文字""看不清我的境界"。

但如果我们拒绝外界的一些建议，就无法察觉到差距，无法让文章更上一层楼。

改稿的第一步，就是端正我们的态度，学会接纳编辑和他人提出的修改建议，在自己检查不出问题的时候，虚心向朋友或者编辑求助。当你发现你和他们意见不一样，甚至被编辑告知要修改的东西很多时，不要感到畏惧，相反，你应该激动起来，因为文章的问题越多，恰恰证明你的进步空间越大。每次改变一点点，每次离上稿就更近了一点点。

2. 二改，改习惯

很多人写完一篇文章后就松了一口气，自己不想检查，或者只会敷衍地"扫"一遍，就想直接发给编辑。越是这样容易放松的时刻，越要警惕起来。

检查自己文章时，要以发布后的标准，审视每一段、每一节、每一个故事、每一句话，要尽量做到最好。教大家一个小方法：

在检查稿子的时候可以"读一读"，因为在读的过程中，很容易发现语义不清、语句不顺、衔接不畅的地方，可以及时改正。

我们写作的时候，用语会偏向书面化，但在读的过程中修改，可以让文风更朴实、简洁、口语化。而口语化就是作者以一个朋友的身份和读者对话，给读者的感觉是在聊天，读者会更有代入感。如果当时检查不出来任何问题，你还可以"晾一晾"文章，把写好的非热点型文章放在一旁，隔几小时或者隔一天再来看。

刚写完文章时，人的写作思路、情绪并不能在短时间内从文章中抽离，很难做到客观地评判自己的文章。最好的做法就是让文章"冷却"一段时间，过一阵子再修改。

3. 三改，改文章

当你有了谦逊的改稿态度以及良好的改稿习惯后，接下来就应该正式开始用地毯式检查清单［见表 5-1（a）、（b）］检查、修改自己的文章了。

表 5-1　"洞见"地毯式检查清单

（a）

策略层面改稿	
检查项	检查要点
选题（为什么要写这篇文章）	选题调性：选题是否符合投稿账号调性，和投稿账号之前的文章相比有何不同
	选题亮点：选题有没有支点，有没有亮点
	选题新旧：从时间维度上看，这个选题旧不旧
	选题价值：选题价值如何？增量和存量如何？会不会涨粉？

（续表）

检查项	检查要点
选题（为什么要写这篇文章）	选题类型：是否属于爆点式选题、关系张力式选题、框架式选题、载体式选题中的某一类型
	标题表述：是否含有悬念、情节、场景、动词、数字、缝隙、逻辑等
	内容调性：情感还是硬核
	文章发布位置：如果要发布，这个文章在公众号推送中处于哪个位置

（b）

技术层面改稿

检查项	检查要点
整体	通读全文，用语感判断全文风格是否统一，若第一眼就觉得看不下去，文章必然存在问题
	文章主题是否明确，主线逻辑是否通顺
	框架内容有没有扣题，是不是过于冗长
	每一段之间是否存在逻辑联系
	文章有没有长处？有没有让你眼前一亮的东西？比如新素材、新角度或语言特别凝练、优美
首尾	开头是否能吸引人阅读下去
	结尾是否存在总结升华，有没有调动读者情绪
素材呈现	例子和观点是否契合，例子是否是最佳例子
	素材呈现方式是否单一，比如全是故事
	素材旧不旧，是否被广泛使用
	故事是否有张力
	引用的案例、书籍、电影、电视剧、金句是否真实
	要保证文章中的素材、金句、词语都是为核心观点服务的
	名人名言素材是否有新意，是否精辟

（续表）

检查项	检查要点
语言	有没有语法错误、错别字和语病
	文章的语言风格，是否符合新媒体语境
	每一部分的故事有没有讲清楚
	语言表述是不是在玩文字游戏，接不接地气
	文字是不是足够简洁
	金句是否足够精辟
硬伤	整体有无抄袭、洗稿情况
	确认排版，检查字号、行间距，注意标点

用编辑思维写稿、改稿，投稿成功率就会大很多。下面我们围绕该清单进行具体说明。

（1）策略层面改稿

在策略层面改稿，作者首先要思考：**为什么要写这篇文章？**我们可以从以下八个方面进行检查。

① 选题调性：选题是否符合投稿账号调性，和投稿账号之前的文章相比有何不同

选题调性符合投稿账号调性是非常重要的一点，这是在写作前就要思考好的策略方向。当你明确好自己要投稿的账号的调性后，还要思考自己即将要写的这个选题和该账号之前发过的文章相比有何不同。

② 选题亮点：选题有没有支点，有没有亮点

选题亮点是支撑你写这篇文章最重要的一个点。它可以是一个爆款事件，可以是一个载体，比如书、人物、电影、电视剧、

综艺等，也可以是一个关键素材，比如哈佛大学的研究、某项统计大数据等。总之，你要有一个亮点来支撑起你的这篇文章，而不是为了写而写。

③ 选题新旧：从时间维度上看，这个选题旧不旧

如果依旧是老调重弹，你写的文章都是账号发过的，自然没有必要再写。

④ 选题价值：选题价值如何？增量和存量如何？会不会涨粉

思考增量和存量属于编辑思维，而不是作者思维。其中，增量是指给公众号带来在某些方面的增长，比如带来更高的阅读量、更高的用户转化率、更高的转发量、更高的价值等；存量是指不伤害文章既有调性，即不减少公众号已有读者数量、不伤害账号格调等。有些文章看起来阅读量会很高，标题也很吸引人，但是会伤害公众号存量，所以价值不大。

⑤ 选题类型：是否属于爆点式选题、关系张力式选题、框架式选题、载体式选题中的某一类型

要想理解爆点式选题，首先要明白新媒体文章的爆点不只是新闻热点。在大部分作者的认知中，爆点的作用是吸引关注度，等同于热点。其实爆点的作用不只是吸引关注度，还是一篇文章写作的基点。从关注度的角度来看，爆点主要分为两大类，一是自带关注度的事件或者人，二是关键素材。选择其中某一个为支点进行创作，就是爆点式选题。

关系张力式选题，是指人际关系方面的文章，内容涉及人与他人的关系或者人与自己的关系。比如《人生最好的状态：独处、知足、自洽》《顶级的处事格局：容人之难、容人之异、容人之过》

等文章。

框架式选题，是指文章结构是框架式的，常见的三明治结构、罗列式结构都是框架选题。比如《最通透的活法：少虑、少欲、少言》《一个人真正的成熟，从这三次放下开始》，这类文章结构在选题阶段就已经很清晰。

载体式选题，是指在常规选题中加上人物载体或书籍载体。比如《杨绛：当你看淡一切，生活就会越来越顺》《〈平凡的世界〉：人生有四苦，熬过才是福》。

⑥ 标题表述：是否含有悬念、情节、场景、动词、数字、缝隙、逻辑等

标题的亮点，包括但不限于悬念、情节、场景、动词、数字、缝隙、逻辑等。"缝隙"一词可能有人第一次见到，简单解释一下，"标题的缝隙"可以理解为文字含义的间隙、一种想象空间。举个简单的例子，《2021 下半年最好的生活方式：迷茫时读书，忙碌时运动，独处时思考》就属于把话说得太清楚，没有留下缝隙，没有想象空间的标题，所以打开率注定不会很高。

有缝隙的标题是怎样的？比如《2021 下半年，最好的生活方式》，标题中虽没有具体表明是什么样的生活方式，却给读者留有想象的空间，这就是缝隙。隙缝的具体使用比较复杂，大家在实际的写作中可以多多研究。要特别注意的是，标题留的隙缝不要太大而变得空洞。

⑦ 内容调性：情感还是硬核

情感这一内容调性就是指让人共情、有种娓娓道来的感觉，很多情感类的公众号会写这类文章，对文笔和情绪感染力的要求

比较高；硬核这一内容调性则可以理解为干货、科普、讲理等，文章会比较厚实、有深度，给读者带来更深入的思考和启发。

⑧ 文章发布位置：如果要发布，这个文章在公众号推送中处于哪个位置

公众号头条、次条、折叠条等位置发挥的作用是不一样的，作者在下笔前就要想好自己这篇文章准备放在哪个位置。一般来说，头条的曝光量是最高的，所以文章要有足够的深度和价值才能放在头条的位置。折叠条则一般以涨粉、调剂心情的内容为主，不那么强调深度与价值感。

（2）技术层面改稿

所谓技术层面改稿，即思考怎样写一篇文章。

改稿时，我们可以按照以下顺序去审阅这篇文章。

① 看整体

第一，通读全文，用语感判断全文风格是否统一，若第一眼就觉得看不下去，文章必然存在问题。

在新媒体文章中，不同类型的文章有不同的语言风格和侧重点。比如，大部分观点文的语言风格为逻辑性强、浅显易懂；婚姻情感文的语言风格则更有场景感，所以场景化描写、引发共鸣的句子多一点。

如果一开始给文章定的基调是给读者提供情绪价值，那语言风格就要煽情一点，不能过于中立；如果是给读者提供认知价值，那语言风格要克制、措辞要恳切一些，才能更让读者信服。

同一篇文章的语言风格尽量统一，这样给读者传达的内容才会更有力量。

第二，文章主题是否明确，主线逻辑是否通顺。

一篇主题不明确的、无法完整准确地表达作者观点的文章，会让读者陷入困境，看不明白作者的观点，更无法产生共鸣。因此，主题明确、主线逻辑通顺是对一篇文章最基本的要求。

第三，框架内容有没有扣题，是不是过于冗长。

很多初学者在刚开始接触写作的时候，经常会出现跑题的情况。有的作者写着写着就忘了主题，去论证别的论点了；有的作者为了解释一个观点，来来去去、反反复复地论述，导致文章冗长琐碎……

第四，每一段之间是否存在逻辑联系。

文章的论述逻辑在拟大纲阶段就要想清楚，在正式成文阶段要按照大纲的思路深化。作者在写每个部分前都要预设好想要呈现的效果，成稿后再仔细确认。如果当下很难判断文章每一段之间是否有逻辑联系，可以先把稿子搁置几小时再判断，或者请朋友、家人帮你查看每一段之间是否存在逻辑联系。

第五，文章有没有长处？有没有让你眼前一亮的东西？比如新素材、新角度或者语言特别凝练、优美。

新媒体文章的常青痛点常常只有那几个，在内核一致的情况下，成稿中一定要有让编辑、读者眼前一亮的东西，可以是一个罕见的新素材，可以是论述的新角度，可以是特别的大纲设计，也可以是语言特别凝练、优美。至少有以上 1~2 个亮点，这篇文章才会更出彩。

②看首尾

第一，开头是否能吸引人阅读下去。

开头不要东拉西扯，写与主题无关的内容或拉长逻辑链；开头也不要写得太平，没有吸引力。

第二，结尾是否存在总结升华，有没有调动读者情绪。

结尾可以是激发情绪，引发共鸣；可以是强化观点，引发认同；也可以是制造话题，引发讨论。好文章的共同点是在结尾处进行总结升华，"总结"即总结上文的文章内容，强化下文的文章主题观点；"升华"即把前面写的在小范围内发生的事物上升到一个较大的范围中，从而让文章主题更加正向、积极，让读者产生共鸣。

③ 看素材呈现。

第一，例子和观点是否契合，例子是否是最佳例子。

例子贴合观点是论述的基本要求，不要因为文章需要素材而勉强加入一个素材，素材一定要贴合主题，也可以多找几个素材进行对比，挑选最佳的例子用在文章中。

第二，素材呈现方式是否单一，比如全是故事。

素材呈现方式不能过于单一，那样会显得文章比较平淡。除了名人故事，也可以找一些素人故事、图片类素材等丰富文章层次。

第三，素材旧不旧，是否被广泛使用。

很多作者提到情绪就写"踢猫效应"，提到婚姻就讲杨绛和钱钟书，这些出现频率很高的素材，都是比较旧的素材，读者看过很多次反应就会很平淡了，素材也失去了辅助论述的作用。要想知道素材是否被广泛使用，可以选择搜一搜同一素材全网发过多少次，发过很多次的，一般就比较旧。

第四，故事是否有张力。

故事是否有张力指的是读者在阅读的时候能不能与故事产生共鸣，如果能产生共鸣，那么这个故事就能够打动读者，而不是让读者昏昏欲睡，觉得无聊又平淡。

想增加故事张力，可以在故事中增加一些画面感、冲突、转折、细节、对话等。

第五，引用的案例、书籍、电影、电视剧、金句是否真实。

素材唯有真实才有力量，文章的主题也才能站得住脚。如果引用的素材为不实信息或臆想信息，在文章发布后会带来广泛的不良影响，所以作者需要判别素材的真实性。

第六，要保证文章中的素材、金句、词语都是为核心观点服务的。

所有的素材、金句、词语都是为了证明主题才出现的。改稿的时候，要留意文章中的每个细节是否扣紧主题，是否跑题。

第七，名人名言素材是否有新意，是否精辟。

名人名言素材同样需要选择新颖且有哲理的，不宜引用过长的名人名言，否则容易分散读者的注意。

④ 看语言

第一，有没有语法错误、错别字和语病。

检查行文论述中的语法错误、错别字和语病等，比如搭配不当、成分残缺、词义误用、重复出现、不合逻辑等问题。想解决这类问题，可以通过出声读的方式，使用语感进一步修改文章。

第二，文章的语言风格，是否符合新媒体语境。

新媒体文章不同于传统媒体文章，需要更接地气、更贴近生活，所以写这类文章时应尽量用读者看得懂、听得进去的语言表达自己的观点，让读者在最短的时间内高效阅读。

第三，每一部分的故事有没有讲清楚。

每个小节的内容都需要有条理地讲明白、讲透彻。比如讲故事的时候，要把前因后果、来龙去脉都讲清楚，让读者能够紧跟故事的情节、节奏，从中获取信息。

第四，语言表述是不是在玩文字游戏，接不接地气。

在新媒体文章中，常出现文言文、故事、心理学专有名词、经济学名词等，在觉得读者比较难以理解时，作者可以再用通俗一点的句子解释一遍。

第五，文字是不是足够简洁。

少用或者不用一些比较生硬、难懂的文字，如果用一些生僻词或者比较晦涩的句子，会造成读者阅读困难，导致作者的观点无法被准确传达。

第六，金句是否足够精辟。

一篇文章中至少要有 3~5 个能够打动读者，被读者记住的金句。改稿过程中可以重点关注自己的金句是否足够精辟，如果仍不够精辟，可以挑选其中几句重点打磨优化。

⑤ 看硬伤

第一，整体有无抄袭、洗稿情况。

不抄袭、不洗稿是内容创作最基本的要求。互联网上的素材来源比较杂乱，出处不明确的地方一定要仔细判别、校对。

第二，确认排版，检查字号、行间距，注意标点。

选择简单、大方的排版样式能够让编辑在阅读文章的时候更加清楚文章的内容。语句、段落之间要做好分隔，控制好每个文章段落的字数，并且现在新媒体文章排版中大多不需要首行缩进。

以上就是"洞见"的地毯式检查清单在策略和技术层面的内容，但这些只是一个参考，在这之外，还有很多不一样的文章存在。

好文章要选题精良、篇幅比例适当、素材搭配恰当。

一篇文章写得好不好，我们可以从策略和技术两个层面去评定，而一篇文章能好看到什么程度，就得看文章的"神"了。每个人的文字风格、写作习惯都不一样，所以每篇文章传递给人的感觉也不一样，我们不用担心无法形成自己的文字风格。每个人都是独特的，在达到策略和技术层面的要求的前提下，有时候你的文字风格反而是你的加分项。

以上只是目前"洞见"内容团队地毯式检查清单中的一部分，我们也还在持续完善、不断迭代清单。每个检查项的具体执行也需要每个人根据自己的写作习惯以及平时的积累不断完善。

写作不应该只是一件短暂的、功利的事情。希望大家能以长期主义的态度多多写稿、多多改稿、多多打磨，这样才能实现多多上稿。

第 6 章

专题写作方法

第 1 节　写亲子教育文的实用技巧

亲子教育文分类

新媒体文章有好几个类别，比如文化、教育、职场、娱乐与生活等。亲子教育文是其中存在感比较强的类别之一，主要是指以具有一定教育意义，帮助父母成长、指导父母行为为主的一类文章。"洞见"旗下矩阵号里的男孩派、女儿派、妈妈抱团等就是以亲子教育文为主的公众号。

很多人会疑惑，为什么市面上亲子教育类的文章这么多，却还是有源源不断的写作者在学习和创作这类文章？

其实，学习、研究或创作亲子教育文有以下三个好处。

第一，这类文章通常受众广，读者忠诚度高、黏性高、互动强，转化率也会比较高。现在很多家庭都有 1~2 个孩子，亲子关系、家庭教育是每个有孩子的家庭的痛点，也是当下急需解决的问题，所以这个类别的文章需求很大。

第二，目前真正擅长写亲子教育文的写作者较少，但市场对此的需求却比较大，稿费也相对比较高一些，就以"洞见"旗下三个教育类的公众号为例，一般文章上稿就是头条，而头条文章的稿费为 1000~1200 元，这在同类型文章的稿费中属于相当高的。

第三，亲子教育文有一套专属的体系，可能一开始上手写不容易，但是一旦掌握好方法论，后面会越来越熟练，逐渐形成自己的一套方法，能够比较稳定地实现内容输出。

当然，有些作者也可能会有疑问，"我没有孩子是不是不适合写亲子教育文"，其实不是。比如，"洞见"的教育类公众号的好几个作者都未婚未育，但是只要写得多、看得多，肯下功夫研究学习，结没结婚、有没有孩子对文章好坏的影响并不大。当然，如果你是宝妈、宝爸，有育儿经验，那优势自然更大。

亲子教育文有两个比较常见的类别：观点类文章和垂直类文章。

1. 观点类文章

这类文章是亲子教育文中占比最大也最容易出爆文的。

观点类文章，顾名思义，就是输出某个明确的教育观点、对人有一定启发、有逻辑的文章。

比如《父母若管不住自己，所有教育都是无用的》，这篇文章就输出了一个明确的观点：教育孩子的前提，是父母要管住自己，又比如《一个孩子真正长大，从父母的 8 次退出开始》这篇文章则是标题即观点。内容上同样是按照常规观点文的写作逻辑，按照提出观点、列大纲结构、找素材论据、总结升华这四步进行。

2. 垂直类文章

这类文章针对教育孩子的过程中遇到的某个实际场景或者成长时期遇到的问题展开具体分析。这类文章一般比较偏实用，包含一定的方法论，有可落地、可执行的家庭教育干货。

比如《新学期一个月后，学生出现两极分化："双减"落地，最吃亏的是哪种孩子？》，这篇文章的重点就是教父母如何培养孩子的专注力。文章中给了"多陪孩子玩专注力游戏""多带孩子接触大自然""做'专注于一件事'的训练""给孩子准备一个独立安静的房间"等具体的建议和方法，这些都是父母阅读文章后，马上能够记住并应用的技巧。

比如《给孩子立规矩失败无数次？那是你不懂这5条黄金法则》，这篇文章结合了教育学、心理学的一些理论，诸如"热炉效应""手表定律""登楼梯效应"等，指导父母如何给孩子立规矩。

如何找到优质、吸引力高的选题

有人说，一篇文章若有一个好选题就成功了80%。这句话不仅在观点文中适用，在亲子教育文中也非常适用。

如何找到合适的、有痛点的亲子教育类选题是很多作者非常头疼的一件事。我的建议是，在想选题之前，作者一定要明确阅读文章的目标群体。

亲子教育文的主要目标群体肯定是父母，但只细化到这个程度是不够的，还需要进一步细化。

比如，这篇文章是写给爸爸看的还是写给妈妈看的？写给几岁孩子的父母看的，孩子是学龄前还是学龄后？在念小学、初中或是高中？是写给有女孩的家长看的还是有男孩的家长看的？是写给独生子女的家长看的还是给有多个孩子的家长看的……

目标群体的画像越细致、越具体，作者在构思选题、内容及下笔的时候越不会跑题，也越能写出让目标群体产生共鸣、能够认可的文章内容。

细化好目标群体，接下来才是找选题。根据多年的教育号内容原创经验，我们通常将亲子教育文的选题分为常青类选题和热点类选题。

1. 常青类选题

常青类选题即痛点一直存在的选题。我将列举八种常见的话题类型，每一种话题类型对应的都是经过我们多次验证的、能够切中读者痛点并且数据较好的选题，并且每一种话题类型都可以通过变换形态、创新包装实现多种选题延伸。

（1）自律类

大部分家长都希望孩子不用家长管，自己就知道吃饭、学习、收拾房间。可现实如何？懒惰、自律性差、贪玩是大部分孩子的通病，往往需要家长不停督促，孩子才能完成任务。针对这一痛点，"自律"成为亲子教育文中经常讨论的话题。

比如《致孩子：自律者出众，懒散者出局》，这篇文章的标题本身就带着对比，读起来也很有张力，内容更是用正反对比手法强调自律的重要性。反面论述让家长产生恐惧心理，担心自己的孩子会变成文章素材中描写的那种令人担忧的样子；正面论述则让家长产生向往的心理，希望自己的孩子也能成为文章中描写的那种优秀的孩子。

如果你觉得这个选题比较普通和平淡，还可以变换形式，在其中加一些爆点和噱头。比如《两张"期末成绩单"刷屏：自律和不自律的孩子，寒假后将出现两极分化》，这篇文章用两张成绩单作为一个噱头包装选题，内核还是在写自律这个常青痛点，但是相比上面那篇文章更有吸引力。

（2）青春期叛逆类

青春期孩子叛逆是父母比较关注且头疼的话题，跟父母作对、离家出走甚至出现心理问题，都可能和青春期的叛逆有关。因此，与孩子青春期相关的话题也是许多作者常写的选题。但是同一个话题的展示形式也是多种多样的。

比如《一定不要和青春期的孩子较劲！》，这篇文章的重点是教导父母如何与处于青春期的孩子相处，并给出了实质建议和方法论。

（3）陪伴类

大多数家长忙于工作，没有时间和精力陪伴孩子，有的家长即使有陪伴孩子的时间，也会用来玩手机、做自己的事，没有做到有效陪伴。因此"陪伴"这一话题能够起到提醒父母的作用。比较常规的写法比如《优秀的孩子，都是家长陪出来的（附0~18岁分龄陪伴建议）》，这篇文章全文围绕"陪伴孩子的重要性"来展开论述。

当然，很多时候"陪伴"也可以作为文中的一个点来出现，比如在文章《"双减"落地后，家庭教育的三个关键：陪伴、阅读和习惯》中，"陪伴"就作为教育的一个重点部分来呈现，在"双减"背景下，"陪伴"和其他两个痛点一起组成一篇框架式文章，让内容层次更加丰富。

（4）自信类

除了学习、自律等一些长久以来受父母关注的痛点，父母如今也逐渐看重对孩子内心世界、精神世界的培养，因此"自信"也是亲子教育文的常青痛点之一。

比如《李玫瑾：自信的孩子，都来自什么样的家庭》，这篇文章满足了父母想要培养一个自信的孩子的需求，加上教育专家李玫瑾的观点，更显内容的专业性。再比如《要培养一个自信的孩子，父母学会这 4 个"黄金治愈法则"，到底有多重要？》，这篇文章则是写要培养一个自信的孩子，父母可以用的 4 种教育原则。值得一提的是，"× 个黄金法则""注意这 × 点"这类数字类框架在亲子教育文中也是比较常见的、打开率比较高的拟标题句式。

（5）抑郁、压力等

现在，一些孩子压力比较大，有些会出现心理问题，因而这类话题也是父母比较关心的。如果比较常规地论述"不要给孩子压力""关注孩子精神健康"，文章的说服力较弱，比较常见的撰写方式是结合相关热点事件等写文章。比如在常青痛点内核的基础上以图文包装形成新的论述形式，让读者眼前一亮。

（6）语言暴力类

人与人相处时的语言暴力本身就是一个常青痛点，而父母的语言暴力则更不容忽视。

比较经典、传统的选题有《家长的嘴，是一个孩子的未来》。在这个基础上新一点的表达有《一张嘴毁了一个娃：所有刀子嘴，都是刀子心》，这篇文章的亮点在于，按照以往的认知"所有刀子嘴，都是豆腐心"，但是作者却说"所有刀子嘴，都是刀子心"，这便会引起读者的好奇。

从语言暴力类话题中还可以细化出"贬低式教育"，我们也可以写《医生也救不了那个患抑郁症的孩子：贬低式教育，是喂给孩子最毒的药》，这篇文章通过父母的贬低式教育导致孩子抑郁这个点来切入，也算是呈现了一种语言暴力的后果。

（7）发脾气类

很多父母在教育孩子的过程中可能会情绪不稳定、忍不住发火，这个也是一个比较棘手的问题。

常见的选题如《父母什么情绪，孩子就什么命》，这篇文章通过描写父母情绪对孩子的影响来引起家长对此事的重视。细化目标群体后，该选题可以创新为《一个情绪平和的母亲，是孩子的一生之幸》，将内容更聚焦在"母亲的情绪对孩子的影响"上。

（8）吼孩子类

吼孩子其实也算发脾气的一种方式，但是更具体、更有场景感。很多父母应该会很有共鸣，带孩子的过程中，自己经常会控制不住地冲孩子大吼大叫，其实这样做对孩子的伤害很大。

但是作为作者，我们肯定不能直接写："吼孩子的危害有多大，你知道吗？"这样显得很平淡，并且答案也是很多家长都知道的，不需要再通过你的文章来获得什么。

我们可以将选题包装为《父母的音量，决定了孩子的一生》，利用"父母的音量"这个更具体的表达来替代"吼孩子"这件事。

也可以以"吼孩子的后果"为切入点创新选题，比如《被吼叫的孩子，大脑"受损"严重：背后原因警醒千万父母》，这篇文章就是从被吼叫的孩子大脑严重受损这个角度来写的，通过把严重的后果摆在家长面前，从而引起父母重视。

比如《孩子被吼之后，身体将发生 6 大可怕变化，看完你还敢吼他吗？》，这篇文章则是列举吼孩子会对孩子造成的 6 种伤害，引发读者好奇的心理。

以上和大家分享了亲子教育文常见的八种常青类选题，除此之外，运动、和孩子好好说话、写作业、孩子顶嘴、孩子沉迷于手机、多孩家庭父母偏心、孩子学习不开窍，孩子太沉闷等话题，都属于亲子教育文中常见的痛点。

有意向往亲子教育文写作方向发展的朋友，可以通过阅读亲子教育类公众号、教育类书籍积累经验，还可以通过多观察生活，提高观察能力，明确什么是读者关心的，找对痛点。

2. 热点类选题

除了常青类选题，热点类选题也很重要。毕竟自带热点的文章，关注度肯定是比普通文章高许多。

热点类选题一般是从热点中概括出一个观点，或者延伸出一个话题，并且这个话题和亲子教育强相关。常见的热点来源，有以下四种。

（1）社会热点

引发全民关注的大事件或知名人物都可以作为热点引入。

一般针对这种大热名人常用的操作方法，就是挖掘这个人的家庭教育，比如父母是怎么教育他的，这样写出的文章，数据一般都不会差。

我们每天可以看到的热点也不少，但其中不少都是无效热点，不值得一写。那么，哪些热点事件值得写呢?

选择热点事件的时候，一般要注意符合以下几点中的至少一点。

第一，事件本身要有传播能量，受众较广。事件本身需要有讨论的价值和情绪点，一些娱乐八卦、猎奇新闻、鸡毛蒜皮的事等爆点，不仅没有写作的价值，写出来也会损害账号调性。

第二，事件本身要有教育意义，符合常青教育观点。不论是什么样的热点事件，万变不离其宗，能给读者带来思考、启发的才值得写。

第三，事件本身造成比较严重的后果。比如交通肇事造成的严重后果能引发全社会警醒的相关事件。

第四，事件本身有某些值得人关注的细节。如果能捕捉到热点事件中一些容易被忽视的细节，这种文章很容易出彩。

（2）影视热点

有关亲子教育的热门电视剧、综艺、电影等影视作品也常常被用来当作选题撰写。

比如之前的热播剧《小舍得》的关注度、话题度极高，"洞见"旗下矩阵号在一个月内先后出了十几篇相关的原创文章，数据都很好。

比如《〈小舍得〉米桃结局曝光，看哭无数父母：长大后自卑的孩子，大多出自这几种家庭》，这篇文章则从剧中米桃的自卑这个角度来切入，后半部分延伸去写"像这样自卑的孩子，出自怎样的家庭"，给家长以警醒。

从影视作品挖掘选题，有两个思路。

第一，以影视作品作为全文载体，挖掘几个点来写。比如《看完×××后，我发现了 3 个教育铁律》，这 3 个教育铁律可以针对不同的痛点，总有一个能切中读者的某个痛点。

第二，从影视作品中挖掘一个具体的痛点作为切入点，一般这个痛点是关于教育的，能引发父母关注的，比如我们前面讲到的那些常青痛点。

（3）节日或假期热点

母亲节、国庆、寒暑假、春节、高考等这些特殊的时间都是重大节点，也是提前构思选题、准备内容的好机会。

寒暑假到了，就可以结合一些痛点撰写文章，并在放假前夕发布，比如《暑假带孩子做这 10 件事，比补课强 100 倍》，大部分家长都会想点开阅读。又比如《暑假，请不要带孩子旅行！让无数父母反思的好文》，因为很多父母都想趁着暑假带孩子去旅行，但这篇文章偏偏反着来，所以很容易引起读者好奇，促进读者点开。

高考刚出分时，"洞见"的一位作者趁势写了一篇《儿子高考 630 分，妈妈一条朋友圈让所有人心酸：你考得越好，我越难过……》。仔细拆解这个标题，你会发现它其实很有反差感。读者可能会好奇，为什么孩子考了 630 分，妈妈还难过呢？仔细阅读文章才会找到答案，原来是因为孩子要远离父母独自上大学，亲子之间会面临分离，所以这篇文章就是围绕父母和孩子终将分离这一角度来写的。

只要你能抓住一些特殊节点，就很容易找到一些喜闻乐见的好选题。

（4）阶段性热点

什么是阶段性热点？

给大家举个例子，几年前"双减"政策落地，因为这个政策与所有的家长、孩子都息息相关，所以"双减"政策就是当时的一个阶段性热点，热度可以持续一段时间，有一个很好的加成作用。

关于"双减"的文章我们其实也写过不少，选题大多是"双减"加一个常青痛点。

比如《教育部通知："双减"正式落地！请告诉孩子：自律者优秀，懒散者出局》，这篇文章利用了"双减"政策的热度，加了一个常青痛点"自律者优秀，懒散者出局"，效果同样很好。

写好亲子教育文的五个"黄金法则"

1. 写作对象不要偏

要时刻记住，你的文章是写给父母看的，所以不管是在选择选题角度时，还是在行文时，你都要记住你的目标读者是父母，写作对象不要偏，切忌文章的写作对象一会儿是父母，一会儿又转向孩子。

2. 不同文章对应不同调性

有些文章可能是输出观点给读者讲道理的类型，但有些文章可能没办法以说理的调性来写。

比如，前文提及的《儿子高考 630 分，妈妈一条朋友圈让所有人心酸：你考得越好，我越难过……》，这篇文章想表达高考之后，父母舍不得和孩子分离的情感，如果你用说理的方式把它写成说理类文章显然不太合适。

3. 文章要有信息增量

什么叫信息增量？就是同一个主题，你要给读者带来新的东西。

比如前文提及的《优秀的孩子，都是家长陪出来的（附 0～18 岁分龄陪伴建议）》。陪伴类的文章或许很多，但这篇强调的是父母在孩子处于不同年龄阶段时要采取不同的陪伴方式，让文章整体内容看上去新颖不少。所以在最初选择选题角度的时候，尤其是准备撰写常青类选题的时候，一定要注意这点。

4. 巧用方法论，给你的文章"加分"

如果不是纯观点输出类文章，那可以在文章中加上方法论，也就是告诉读者"怎么做"，让文章更接地气，对读者来说更实用、更有可操作性。

比如文章《李玫瑾：话多和话少的孩子，10 年后差距明显，原因在父母》在文章末尾添加了"父母如何与孩子聊天"这一具体方法论，让这篇文章内容更丰富、更饱满、更实用。

5. 善于找"专家"，为你的选题背书

大家有没有发现，有些选题看上去平平无奇，但因为加了一

个载体（注意载体的重要性）作为前缀，就显得特别专业、有权威性，选题也更有张力。

　　就像我们之前提到的教育专家×××就是载体前缀，类似的还有××大学教授（最好为知名大学的教授）等。

　　举个例子，《哈佛大学研究：长期运动的孩子，大脑会发生惊人变化》这篇文章其实就是在讲运动的好处，但是加了一个哈佛大学的研究作为前缀背书，选题高度一下就被拔高了，也更有说服力。

第2节　巧用一个模板写出爆款书评

　　近几年书评的优势日益凸显。互联网时代，很多读者没有耐心读完纸质书，却有提升自己、拓宽知识面的需求，所以书评可以用书中的故事或者人物为载体，提炼论述观点，满足读者需求。

　　"洞见"旗下有一个专门写书评的，粉丝数量达三百万的账号"每晚一卷书"，我们在书评方面也研究出了一套比较完整的方法论。我个人非常建议新手从书评开始写起，因为书评有明确的选题范围，也有大量丰富的素材，好上手。

　　如何写好一篇书评？

　　在书评写作中，我们总结了"**书籍＋常规观点文**"这一模板，从常见的书评标题上就可以看出来。比如，看以下这三个标题，就可以很轻易地发现这是一篇书评。

东野圭吾《恶意》：有一种坏，叫见不得别人好

《当幸福来敲门》：越是难熬的时候，越要自己撑过去

《白鹿原》：太过聪明的人，没有好下场

写书评和写文章相似，也要注意选题、框架等，但侧重点稍有不同。

书评选题

书评的选题同样很重要，主要包括两个方面的考量：一是选书，二是角度。

1. 选书

根据"洞见"内容团队的经验，目前上稿率比较高、数据表现比较好的书籍选择范围大概可以概括为四大类：国内名著系列、世界名著系列、部分畅销书系列、高分影视改编系列。

（1）国内名著系列

即国内读者耳熟能详、受众群体比较广的知名作品。比如《白鹿原》《骆驼祥子》《围城》《皮囊》《城南旧事》等作品。

但不是国内所有名著都可以选，大家选择的时候要注意两点。

第一，若没有扎实的功底，选题最好避开四大名著和金庸的小说等广为大众熟知的作品，因为这类作品早在几年前就被翻来覆去写过无数遍了，你能想到的角度基本都有人写过，所以不建议再浪费时间剖析，除非你有非常、非常惊人的观点和文笔。

第二，观察你要投稿的目标账号，它近期发布过的相关书籍，就不要再写了。站在编辑的角度，近期发过的书籍他肯定不会再收书评了。

（2）世界名著系列

即国外知名作品，并且一定是大众熟知的，比如《麦田里的守望者》《百年孤独》《杀死一只知更鸟》《月亮与六便士》等作品。

因为只有写大众比较熟悉的作品的书评，大众才会对你的文章内容感兴趣。如果写很小众的作品的书评，在读者不了解的前提下，你写得再吸引人、总结得再好，读者也体会不到，自然不感兴趣。

（3）部分畅销书系列

很多人可能会问，怎么判定一本书是不是畅销书。我有一个很简单的小方法：点开当当等购书网站，查看图书销量排行榜，排名靠前的就是卖得好、读者比较喜欢的书，从中选择就行了。比如《你当像鸟飞往你的山》《活法》《蛤蟆先生去看心理医生》等作品。当然并不是所有畅销书都可以写，选择时需要注意两点。

第一点，要选择有故事情节支撑的书，不能选垂直干货类的书。

比如《非暴力沟通》《高效能人士的七个习惯》这种就不合适。因为这些书没有明确的情节，通篇都是干货内容很难提炼出一个主题来写。

第二点，过于聚焦某一年龄群体的书也不合适，比如《你好，旧时光》《最好的我们》这种虽然畅销，但聚焦学生群体、偏向青春校园类的书普适性没有那么强，这类书就不太适合做书评对象。

（4）高分影视改编系列

即大众可能不熟悉书籍但是对其相关的影视改编作品印象深刻。比如《肖申克的救赎》《霸王别姬》《当幸福来敲门》等。这类通过影视改编让大众熟悉的作品，也是可以用来写书评的作品。

2. 角度

选完书，我们还要完成的一个很重要的步骤就是选角度，即在书的基础上从贴合的观点切入写书评。首先，一本书可以从多个角度切入，可以多列几个，选择最合适、效果最好的。其次，和书的整体调性差异不大且能用书来论证的观点，也是效果不错的切入角度。

比如经典名著《骆驼祥子》这本书，"每晚一卷书"就发过至少三个角度。

《骆驼祥子》：一个人的命运，藏在他的选择里

《骆驼祥子》：没有如意的生活，只有看开的人生

《骆驼祥子》：比贫穷更可怕的，是低层次的聪明

所以，并不是一本书只能有一个角度、一个主旨，深入挖掘后会有很多可写的点。

但是不管选择什么样的角度，都要记得后面引出的观点、主题要切准读者痛点，是读者关注的，而不是离读者很远的内容和主题。

书评框架

书评的框架也很重要，需要有逻辑。撰写时要注意以下两点。

1. 框架与标题之间，要有逻辑联系

不管写什么文章都是一样的，每个小节、每个小标题都要和主题强相关。

比如《〈杀死一只知更鸟〉：成年人顶级的自律，是管好自己的偏见》。文章主题是"成年人顶级的自律，是管好自己的偏见"。每个小节分别如下。

01 人越无知，偏见越多
02 层次越高，偏见越少
03 别让你的偏见，成为杀人的刀

不难发现每个小节都和"偏见"相关，标题和主题紧密相关，这样整篇文章的逻辑才会统一，不会出现跑题的情况。

2. 框架内的小节之间，要有逻辑联系

除了每个小节与主题要有联系，小节与小节之间也要有逻辑联系，文章可以呈递进式结构，也可以呈并列式结构。

（1）并列式结构

《〈老人与海〉：最好的爱是，有人懂，有人守护，有人期待》的大纲如下。

01 有人懂，能抵御岁月风霜

02 有人守护，生活就有希望

03 有人期待，人生就有方向

（2）递进式结构

《〈解忧杂货店〉：没有谁的生活不烦恼，唯有自渡是解药》的大纲如下。

01 成年人的世界，没有谁比谁更容易

02 逃避只会加深烦恼，面对才能解决问题

03 真正的成熟，是做自己的摆渡人

前文与框架相关的内容写得很清楚，文章的框架很重要，小标题的设计也很重要，所以，书评框架和常规新媒体文章的框架一样，都需要精心设计。

书评内容

1. 书评的内容呈现方式

写书评的前提是书，然后是观点。即文章观点都是建立在书的基础上的，所以一定要围绕书来写文章，要用书中人物或者故事，去佐证文章观点。

在看书评的时候，你会发现文中会出现很多和这本书相关的词句。比如反复提及书名；比如"书中有个故事""书中的人

物""书中×××说""×××对这本书的评价"，等等。

所以，作者在写作的时候要紧紧围绕书来展开，要时刻记住自己写的是书评。

常规新媒体文章的素材是不固定的，作者通常会先确定观点再搜集素材，而书评与常规新媒体文章的区别在于，作者使用的素材就是书中的故事情节和人物经历，观点是从书中提炼的。

但要注意，书评的内容呈现方式和常规新媒体文章是不一样的。

在这里，分两类来讲。

（1）从原书故事的角度进行展开，以落地价值观为结束

即用书中不同的人物故事作为素材论述一个观点。

来看文章《〈杀死一只知更鸟〉：成年人顶级的自律，是管好自己的偏见》。

这篇文章的主题是：成年人顶级的自律，是管好自己的偏见。

这篇文章的三个分论点是递进关系，作者用了书中的三个故事来当素材，论述这个主观点，这三个故事都服务于文章主题（见图6-1）。

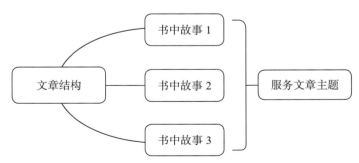

图6-1　《〈杀死一只知更鸟〉：成年人顶级的自律，是管好自己的偏见》结构图

（2）从原书角色的角度进行展开，以落地价值观为结束

即通过书中某个人物身上发生的不同故事进行论述。

比如文章《〈骆驼祥子〉：一个人贫穷的根源，是认知不够》。

文章通篇的素材都来自祥子这个人物，通过祥子身上发生的三件不同的事情服务文章主题（见图 6-2）。

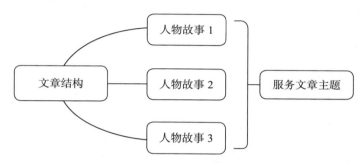

图 6-2　《〈骆驼祥子〉：一个人贫穷的根源，是认知不够》结构图

2. 书评开头

书评开头就是用书籍引入，注意一定要在开头提到这本书，然后表明写作缘由，即为什么选这本书。比如，看完这本书会给读者带来什么收获，这样才能引发读者对文章的兴趣，继续看下去。

关于开头，分享七种常用的开头模板。

（1）问答式开头

问答式开头通过开头抛几个与主题相关的问句，激发读者好奇心。这类开头的优点是可以更贴近生活、贴近读者，与读者有一种对话感，也能更好地戳中读者的情绪痛点。

比如公众号"每晚一卷书"的文章《如果觉得人生太难，就去读读〈我与地坛〉》，这篇文章开头就向读者抛出了问题"如果你遇到这种情况，你会怎么办？"引导读者跟着你的问题思考，这样就一下子抓住了读者，然后作者再顺势引出自己的观点。文章开头如下。

假如有一天，命运的巨锤突然将你击垮，在最坏的境遇下，你会怎么办？

是从此颓靡沉沦，任由日子越来越糟糕？还是奋起抵抗，发出对命运的挑战？

在《我与地坛》一书中，该书作者史铁生记录了自己由风华正茂走向瘫痪，后来又在苦难中挣扎沉浮的全过程。

学者许纪霖看完此书后评价道："看透生活后继续热爱，这就是史铁生在书中所灌注的理想主义。"

如果你正感觉身处低谷，不妨去读读《我与地坛》。

就像史铁生所说："命定的局限尽可永在，不屈的挑战却不可须臾或缺。"

当你真正看过了这本书，就会发现：人生难关，十常八九。

所有的苦难，对悲观的人来讲，是毁灭，是痛苦。可对乐观的人来说，却是重生，是涅槃。

（2）场景式开头

常规选题使用的场景式开头同样也可以用在书评开头中，这类开头的优点是可以让文章更有场景感，更吸引读者，拉近作者和读者之间的距离。

比如《〈查令十字街84号〉：所有的遗憾，都是另一种成全》，这篇文章以"你有没有这样的感觉"开篇，让读者一下子就联系到自身，产生场景感与画面感。文章开头如下。

你有没有这样的感觉：

认识的人越来越多，但知心的越来越少；微信好友越加越多，但愿意说话的越来越少。

在这个信息化的社会，人与人之间的距离看似缩短，可实际上彼此间的"距离感"却在增加。

信息分秒必达，却换不回心有灵犀的默契；视频天涯咫尺，却再没有翘首以盼的心情。

我们虽希望"相知无远近，万里尚可邻"，但我们更看重"山河不足重，重在遇知己"。

若能在有限的岁月里，收获到一份刻骨的情谊，哪怕相隔千山万水，也必定会此生无憾。

《查令十字街 84 号》，讲述的便是一个千里神交的温暖故事。

美国作家海莲·汉芙与远在伦敦的一家书店经理弗兰克·德尔从未见面，但为了分享一本本好书，他们相互通信长达 20 年。

之后，这些信件被结集成书，成了全世界"爱书人的宝典"，而弗兰克所在的查令十字街 84 号，也成了"书痴们的必去之地"。

这些书信，不仅让我们体会到历史的变迁和彼此的深厚情谊。

更让我们知道了，纸短情长 20 年，不为风花雪月，只为心照不宣。

（3）情节式开头

情节式开头指的是直接用书中比较吸引人的情节作为开头。

这类开头的优点是开头的内容有转折、有冲突，会更吸引人。

文章参考：《〈鲁滨逊漂流记〉：人生是一场冒险，活着就是成功》。

这篇文章的开头就是直接开门见山讲了主人公的原型故事，勾起读者好奇心，让读者想知道主人公的故事经历。

1718 年，英国作家丹尼尔·笛福听闻一件令人震惊的奇事。

一名水手被遗弃在大西洋荒岛，那里缺衣少食，杳无人烟，还有野兽和食人族出没，所有人都以为他会化作枯骨。

不料，4 年零 4 个月后，水手奇迹般地回来了。

此时的他像野人般身穿兽皮，乱发蓬生，语言功能严重退化，说话时只能半个字半个字地往外蹦。

年近 60 岁的笛福深受启发，他以这个水手故事为蓝本，创作了人生第一部小说《鲁滨逊漂流记》。

（4）单刀直入式开头

单刀直入式开头让看过这本书的人马上就能回忆起这本书的情节，没看过这本书的人通过简单的故事梗概也能了解到基本信息。这类开头的优点是使书籍和文章的主题更加鲜明，读者一看就知道书籍或文章想讲什么内容。

比如《〈包法利夫人〉：一部女性的堕落史，敲响婚姻的 6 记警钟》，这篇文章的开头第一句就点明是哪本书以及书的情节梗概。文章开头如下。

《包法利夫人》女主角爱玛出身普通农家，却向往超越阶层的浪漫和奢侈。

为了追求梦想中完美的爱情，她两次背叛婚姻，又在商人的诱骗下落入高利贷的陷阱。

直到债务如山压来，却无法求得情人的援手，只能在绝望中服毒自杀。

作者福楼拜写到此处时，悲痛地号啕大哭。

可大错已经铸成，命运无法挽回。

只留下包法利夫人用一生悲剧敲响了 6 记警钟，警醒着无数后人。

（5）名人名言式开头

就像写常规的观点文一样，写书评也可以用名人名言开头。这里分两种情况来说明。

第一种情况，用与主题相关的名人名言或金句开头。

文章参考：《〈骆驼祥子〉：一个人富不起来的根源，心态未脱贫》

比如这里就写道"作家叶兆言说：……"这句话是和文章主题相关的，正好可以引出书和观点。

作家叶兆言说：

"贫穷不仅仅是生活方式，说穿了还是一个心态的问题。"

一个人是贫是富，并不仅仅由出身、天赋和机遇决定，而是有其内在原因的。

老舍先生在《骆驼祥子》中，就讲述了一场由心穷导致的悲剧。

第二种情况，借用其他作家对这本书的评价开头。

当读者知道这本书某某作家也夸过、某某名人也喜欢时，对这本书、这个情节的信任度就会更高。

比如《莫泊桑〈项链〉：一个人走向成熟的 3 个标志》这篇文章在开头，引用了小说家左拉对莫泊桑的评价。

19 世纪的法国文坛群星闪耀，作为其中一员，莫泊桑真实、犀利却又细腻的风格独树一帜。

左拉在谈起莫泊桑时说：

"他的作品，可以令人笑，可以令人哭，但永远发人深思。"

当时法国的资产阶级贪图享乐，追求虚荣，社会风气十分恶劣。

莫泊桑以此为背景写过一系列小说，《项链》便是其中一篇。

年少时读《项链》，只觉玛蒂尔德的悲哀是命运的调侃，是时代的悲剧。

历尽沧桑，阅尽无常，人到中年才恍然醒悟：

被生活捉弄的玛蒂尔德，不只是莫泊桑笔下的可悲女子，更是凡尘中你和我的缩影。

读懂了玛蒂尔德的悲和喜，你就明白一个人是怎样走向成熟的。

（6）作家创作背景式开头

开头还可以从作家的创作背景入手，特别是作家写这本书背后的辛酸历程，这种开头会给这部作品增加一层与众不同的意义感。

比如《〈白鹿原〉：人最大的本事，是不把自己当回事》，这篇文章的开头讲述了作家陈忠实花了 6 年写《白鹿原》的故事，给读者一种冲击之感。读者会好奇"如此史诗级的作品"到底写的是什么？进而被吸引并往下继续看。文章开头如下。

1992 年，历时六年，陈忠实完成近 50 万字的鸿篇巨制——《白鹿原》。

一经刊出，就轰动文学界，被誉为"中国当代文学中的史诗级作品"。

小说描写了近半个世纪的历史。

白姓和鹿姓两家祖孙三代人在白鹿村的恩怨纷争，互相较量，相互比拼，上演了一出出人间悲喜剧。

世事风云变幻，人生几度沧桑。

白鹿村的兴衰变迁，告诉我们：世间没有永远的输赢。

人最大的本事，不是你能做到多少事，而是不把自己当回事。

（7）热点引入式开头

热点引入式开头常用于"热点＋书评"。一般是这本书的作者很出名，可能作者本身比这本书名气更大，所以是借用人物热点来写书籍。

比如《俞敏洪〈我曾走在崩溃的边缘〉：一个人真正的体面，是装不出来的》，这篇文章写于新东方关停大量门店的时候，这个事件热度很大，"洞见"的作者就找到他写的这本书，结合了俞敏洪自传展示的他身上值得学习的闪光点，最终文章数据非常不错，文章给读者提供的价值也很高。文章开头如下。

这几天，俞敏洪的一条朋友圈登上了热搜。

最近，新东方退租了部分校区，把将近 80 000 套桌椅捐给了农村的中小学。

他坦言："自己心里五味杂陈，但物尽其用也是好事。"

他的退场方式，显得悲壮却又无比温情。

2019 年，俞敏洪写下一本书《我曾走在崩溃的边缘》，豆瓣评分 8.2，讲述了他与新东方的跌宕起伏。

那时的他，怎么也没能料到，时隔两年后，自己真的走在了崩溃的边缘。

从低谷到顶峰，从上坡到下坡，这一路走来，无论多么崩溃，俞敏洪依旧保持着他一贯的风度。

翻开这本《我曾走在崩溃的边缘》，我才发现：

原来，一个人真正的体面，是装不出来的。

注意，写开头的时候，不管使用哪种开头，最终目的都是吸引读者读下去。当然，开头模板不局限于以上几种，更多更好的开头等着大家去研究和创造。

3. 书评结尾

（1）对书主题的总结

最常规的书评结尾写法即呼应主题，在结尾处重新提到这本书，并且从这本书延伸到读者的生活中，总结出一些对读者生活有帮助的哲理，能够触动读者，达到二次转发分享的目的。

比如文章《〈蛤蟆先生去看心理医生〉：生活能治愈的，是愿意自愈的人》的结尾。

《蛤蟆先生去看心理医生》一书，凝聚了作者罗伯特·戴博德几十年的心理学心得。

现实中，他曾对无数个蛤蟆先生说：

"面对伤害，我们无处可逃，但必须完成的事，唯有靠自己才能行。"

人生苦乐无常，我们总会受伤，也总会有很多迷茫。

但不要灰心，不要沮丧。

只要能沉得住气，扛得住难，你自己就是那股最强大的力量。

当你在自我治愈的路上，主动迈出第一步的时候，新世界的大门，也会随之为你打开。

愿你在纷繁复杂的生活中，觉醒内心的力量，做自己的救世主。

（2）对结局的总结

书评的结尾也可以是书的结尾，即告诉读者这个故事最后怎么样了，给读者一个交代。然后叠加金句，过渡到和读者息息相关的生活中。

比如文章《如果生活太无趣，就去看看〈绿山墙的安妮〉》的结尾。

安妮的活泼有趣，渐渐融化了马瑞拉内心的坚冰。

长期相处下来，马瑞拉已将安妮视如己出，还竭尽全力，供她上学。

小说最后，安妮考上了女王学院，进城读书，却又在大一这年，遭逢人生变故。

这年，马修去世，马瑞拉患上了眼疾，安妮要想继续念书，只能卖掉绿山墙的农舍。

可她太爱这个地方了，决定留下来，守护着绿山墙和她最敬爱的马瑞拉。

她没有远走高飞，没有上演功成名就的神话，而是回归平凡，寻觅普通人的幸福。

看完这本书，我不禁想起眼下自己的生活。

工作的倦怠，生活的无趣，感情的平淡，时常让我恍惚自己是不是还活着。

有那么一刻，我感知不到春华秋实，体味不到酸甜苦辣，每天只是被烦恼推着向前。

但安妮让我忽然意识到，是我错怪了生活。

哲学家蒙田说："幸福与快乐，源自不懈的奋斗、生命的意义及美好的承诺。"

你过得焦虑、迷茫，时常感到无聊、不快乐，其实问题的根源，都在你自己身上。

你情绪暴躁爱抱怨，生活自然处处都弥漫着硝烟；

你若内心积极阳光，对生活充满好奇，生活回馈给你的，也会是一次又一次的惊喜。

是你对待生活的态度，决定了你生活的美好程度。

（3）对书中人物的总结

如果前文是以人物为主线撰写的，那么结尾还可以以对书中的人物进行总结来收尾，并过渡到生活，与读者产生联系。

比如文章《〈骆驼祥子〉：比贫穷更可怕的，是低层次的聪明》的结尾。

祥子这一生，经历过三起三落。

在每一个抉择的关头，他都竭力想保住眼前的利益。

可无一例外，他都将自己推向了更惨的深渊。

读书的时候，只觉得祥子可怜可笑。

可在书本之外，谁又能保证，自己不曾陷入祥子的困境？

只顾每日为温饱奔忙，却不知已经偏离了行业或者社会的发展大势。

只顾为眼前的利益争抢，却不知在斤斤计较之中，早已透支了自己的未来。

岁月如大江东去，滔滔流逝，选错了不能重演，后悔了也于事无补。

永远不要计较一时得失，不要运用小聪明占小便宜。

真正有大智慧的人，选择一个正确的方向，一直深耕。

不管在哪个时代，早晚能够闯出属于你的一片天地。

（4）引用作家或者其他人对书的评价

作家或者其他人对书的评价不仅在开头中可以引用，也可以在结尾中引用。开头处的引用更倾向于吸引读者，结尾处的引用更倾向于总结概括。因为一些名家对书的点评是很犀利、到位的，所以在结尾作为总结引用也很适用。

比如文章《熬不下去的时候，读一读麦家的〈人生海海〉》的结尾，引用的是作家的评价。

"人生海海"是句再常见不过的闽南语，形容命运像海一样，潮起潮落是常态。

麦家在介绍这本书时说道：

每个人都会经历苦难，更重要的是人生海海，起落沉浮，总归还是要好好活着。

只有好好活着，才能用日复一日的希望打败绝望，才能在潮落之后再次潮起。

当你觉得生活太难，不妨去读一读《人生海海》。

看看上校屡次被命运打趴在地的无奈，也看看他一次又一次咬紧牙关、接受命运时的坦然。

等你跨越千山万水，发现正是那些曾经吃过的苦、受过的伤，悄悄为你注入了活下去的力量。

苦尽自会甘来，绝处终将逢生。

又比如文章《俞敏洪〈我曾走在崩溃的边缘〉：一个人真正的体面，是装不出来的》的结尾，引用的是其他人对书的评价。

有人说：《我曾走在崩溃的边缘》这本书，并非俞敏洪写的成功学范本，而是写给普通人的人生启示录。

我们的一生，就像是一条爬坡曲线。

会经历低谷的难熬，会经历上坡的艰辛，会享受登顶时的光荣，也会有退场时的黯然……

不管你现在身处哪个阶段，心底都要保持着一份体面。

上坡时不断努力，下坡时心怀魄力，不管遭遇什么，你的未来，都会有无限潜力。

点个在看，唯愿你我，走在崩溃的边缘时，心中仍有一份善良与坦荡。

唯愿来日，你我在登上山顶之时，也不忘心怀宽容和仁慈，对他人，传递出一份微光。

（5）以常规观点结尾

书评结尾也可以不提到书，按照常规观点文的结尾来收尾，但是需要和文章主题牢牢结合。

比如文章《〈骆驼祥子〉：一个人贫穷的根源，认知不够》的结尾，就是和文章主题"认知"的结合。

有句话说得好：

"花一秒钟就看透事物本质的人，和花一辈子也看不清事物本质的人，注定是截然不同的命运。"

人这一生，都是在为自己的认知买单。

你永远看不到高于眼界的风景，也赚不到超出认知的财富。

思维上的通透与闭塞，决定了物质上的富足与匮乏。

只有不断升级认知，才能突破重重壁垒，站上一览无余的巅峰。

以上介绍了五种书评中常用的结尾模板，但不管是哪种模板，你会发现结尾的最终目的，都是呼应主题，然后过渡到生活中并和读者产生联系。只有这样才能真正写到读者心中，给读者带来启发和思考。

| 附 录 |

附录 A　素材与观点之间如何巧妙过渡

我们都知道，一篇观点文的内容由"素材部分＋观点部分"组成。

很多作者，尤其是写作新手，都会面临这样一个问题：写完素材之后，不知道该怎么自然地引出文章的观点，最后导致整篇文章要么只是素材的堆砌，要么素材与观点很割裂、仿佛油水一样分离，不能融合成一个整体。

写作新手常见四个问题

"洞见"内容团队从上千篇稿子中，总结出以下四个写作新手普遍存在的问题。

1. 素材堆砌，观点太少

这是写作新手很容易犯的错误，写完素材后，只分析一两句就草草结束。这样的文章只是简单地堆砌素材，缺乏对读者正确价值观的引导，没有给读者提供思考的路径。

对观点文而言，最重要的是作者观点的呈现。因此，把所有描述素材的句子都去掉之后，剩下的部分才是整篇文章里最有价值的部分。

2. 素材与观点不契合

有些文章，素材写的是一件事，观点表达的却是另一个意思。

比如，整个素材论述的都是"夫妻之间该如何相处"，可是观点部分一直在论述"女性应该如何独立成长"。

一篇新媒体文章中，素材是因，观点是果，素材一定要能够佐证观点。每一段的素材和观点要做到天然契合。

3. "车轱辘话"来回说

很多人在分析素材的时候只停留在最表层，"车轱辘话"来回说。

什么是"车轱辘话"来回说？就是同样的意思，换一种表达，来回反复地说。

对写作新手而言，想要让自己的论述更深层一些，要做到以下两点。

第一，平时要有广泛的积累。如果你对一个素材完全没有想法，说明你本身关于这方面的积累还不够。当你脑海里存储的东西多了，就不会无话可说。

第二，要养成深度思考的习惯。对一件事或一个主题进行深度思考是痛苦的，但也是每一个写作者需要去锻炼的。

不然你看问题时永远只能看到最表层的一面，写出来的文章不仅给不了读者获得感，也很难产生较高的阅读量。

4. 过渡生硬，降低美感

很多作者在描述完素材后喜欢加一句"由此可见""我认为""我们应该知道""这个故事告诉我们"，等等，这些过渡词会让你的文章水平大打折扣，显得文章非常生硬和业余，所以素材与分析之间的过渡，一定要尽量做到不着痕迹、过渡自然。

让素材和观点过渡更顺畅的三个技巧

分享一下让素材和观点之间过渡更顺畅的三个小技巧。

1. 巧用"我们"

巧用"我们"就是把对素材的描述，拉回自己和读者的身上。

这是很实用的一个小技巧，分析的时候加一句："现实生活中我们也会……""我们也曾……"就能把读者的关注点从别人的故事中拉回自己身上。以此迅速和读者站在同一立场，从而通过自己的分析去引发读者的共鸣。

2. 引用名人名言或金句

素材写完后，可以先引用一句或者几句别人说的话，可以是名人名言或者网络上的金句。比如可以是你在知乎、各大公众号、微博上看到的一些精彩的句子，也可以是你在书里面看到的一些话，并在引用后，加上自己的评论。

这个方法比较适合写作新手。因为他们在写文章的时候，常常写完素材就不知道该写什么了。如果平时能多收集一些名人名言或金句、书中给你留下深刻印象的句子，那么在素材和观点之间就能很自然地过渡。

3. 评论素材，引出道理

你也可以先针对素材本身做一个简单的分析，然后再延伸出相应的道理。

比如《一个人顶级的修养，是和颜悦色》，这篇文章第二段的论点是"对爱人和颜悦色，是最好的体贴"。素材方面，作者用了一个知乎网友的故事：夫妻二人吵架，妻子通过一小包零食，就让双方情绪都冷静了下来。

故事讲完之后，作者评价道："被这对夫妻可爱到了的同时，也不禁想为妻子的方式点赞。"一句话既表明了作者的态度，又为接下来引出道理做了很好的过渡。

附录 B　提升文笔的五个技巧

每个作者都关心同一个问题——怎么提升自己的文笔？

不知道大家有没有发现，同样是写文章，有的人写出来文采斐然，有的人写出来只有"大白话"，这两者的区别就在于作者的文笔。

文笔不是一朝一夕就能提升的，但是这里可以给大家分享五个提升文笔的技巧，只要多加练习，相信你也能写出有文采的文章。

一篇文章由字、词、句、段、篇组成，我们就从这五个方面入手，讲讲怎样提升文笔。

"炼"字

什么是"炼"字？就是通过不断地替换关键字眼，最终选出最精准的那个字。

古人非常讲究"炼"字。北宋王安石笔下的《泊船瓜洲》中："春风又绿江南岸"一句，因"绿"字将无形的春风化为鲜明的形象，极其传神，历来被人称颂。但这并不是灵感突至、妙手偶得的结果，而是苦心孤诣、反复修改的成果。

在此处，王安石最初用的是"到"字，再改为"过"字，又改为"入"字，又改为"满"字，反复多次，最终才定为"绿"字。

写文章的时候，如果觉得某个字词不是很贴切，也可以多想一些相近的字来替换，直到找到最传神、最合适的一个。

选词

选词是什么意思呢？就是精心选择词语，让一个句子看起来更有文采。

这里给大家推荐两个小方法。

1. 多用成语

成语言简意赅，适当地使用成语，会让句子显得有文采。

比如"有些人，一旦遇见，便一眼万年""有些心动，一旦开始，便覆水难收"。"一眼万年"和"覆水难收"这两个成语使文章简洁且有意境。

2. 多用近义词和反义词

用近义词的情况有很多，比如"总会有那么一个人，不辜负你的深情，不亏待你的真心。""辜负"和"亏待"是近义词，"深情"和"真心"是近义词。

用反义词，也有同样的效果，比如"相遇总是猝不及防，离别多是蓄谋已久"。"相遇"和"离别"是反义词，"猝不及防"和"蓄谋已久"是反义词。

使用成语、近义词和反义词，能让句子看起来更有美感。

逐句

逐句的意思是打磨句子。关于如何打磨句子，也给大家分享两个小方法。

第一个方法，把长句划分为短句。这样一方面能减轻读者的阅读压力，另一方面短句看起来比长句更有高级感。

举个例子。

长句："无论遇到多大的困难，想到还有家可回就有了孤注一掷的底气，想到还有家人托底就有了重整旗鼓的力气。"

短句："无论遇到多大的困难，想到还有家可回，就有了孤注一掷的底气，想到还有家人托底，就有了重整旗鼓的力气。"

你有没有发现，同样一个句子，只是多了两个逗号，读起来就更有力量感了。

第二个方法，多打磨对偶句，对偶句看起来对称、整洁，能增加文章的对称美。

比如"频率相同的人，即使翻山越岭，也终会相聚相拥；频率不同的人，即使朝夕相处，也终将分道扬镳"。这个句子就很对称，看起来比较有文采。

再比如"人生，哪有事事如意；生活，哪有样样顺心"。这个句子短小精悍，也很对称、工整，让人一眼就能记住。

组段

组段，顾名思义，就是把相似的句子组合在一起形成段落。

有时一些句子的句式比较冗长、啰唆，看起来也没有层次感。那么就可以考虑把它们打磨并组成排比段，这样就会显得比较有记忆点、有文采。

举个例子。

原来的段落："真正的好朋友，也许不能时时刻刻陪伴在你身边，但是一定会在心里惦记着你。你们之间不需要时刻联系，也能够彼此珍惜，不需要讨好对方，相处起来却也舒适自然。"

打磨过后的段落："最好的友情，不一定要时刻联系，却能彼此惦记；不一定要形影不离，却需要惺惺相惜；不一定要相互讨好，却能够相处舒服。"

谋篇

谋篇说的是整篇文章的布局。比如文章的思路、立意是怎么样的，文章想要采用什么结构等，这些也是写作者在落笔之前就应该想清楚的。

附录 C　投稿的正确方式

除了写稿，投稿也是一门学问，有很多值得注意的地方。具体要注意以下几点。

如何找到投稿渠道

这里分为两种情况。

1. 没有目标公众号

完全没有目标公众号，不知道该给哪些平台投稿的时候，可以关注一些专门发布征稿信息的公众号，比如"投稿小秘书""约稿投稿平台""写作投稿基地"等。

网络上有很多这样的发布征稿信息的平台，你可以在微信上直接搜索"投稿""征稿""约稿"等字眼，就能找到许多，这些平台基本上每天都会发布征稿信息，可以多关注几个。

当然，这些平台发布的征稿信息不一定都是真实的。

有些平台只是到处搜集公众号发布的征稿信息，然后就直接转载，没有核实信息真伪以及征稿信息是否已经过期。

这个时候，就需要写作者自己去核实信息的真实性。那么，应该怎么做呢？我提供三个标准供大家参考。

首先，可以到征稿的原公众号去看一下它的历史推文。如果这个公众号近一个月发布的几乎都是转载的文章，很少或者根本没有原创文章，那这个征稿信息很可能是假的。

其次，可以看文章署名。如果这个公众号所有的原创文章都是号主自己写的，那么征稿信息也可能是假的。除非征稿函上明确说明"会买断文章的所有权"，那样才会出现所有原创文章都写着号主名字的情况，不过，这样的公众号不会给作者署名权，相当于付稿费把你的文章直接买断了。

最后，可以看这个平台有没有基础稿费。

有些征稿信息写得让人眼花缭乱，比如阅读量达到多少以上，可以拿到多少稿费。但是如果平台没有明确写出基础稿费，建议不要投稿。确实有很多平台，稿费和阅读量挂钩，但是他们一定会提供基础稿费，也就是说只要采用了你这篇文章，你就一定能拿到稿费。没有基础稿费，完全靠阅读量计算稿费的，很多时候都是一些小号，平台实际的阅读量很低，最后很有可能拿不到稿费。

2. 有目标公众号

当你已经有了目标公众号，心里已经想好要给哪个平台投稿时，怎么找到它们的投稿方式呢？

有以下三种方法。

第一种方法是，进入你要投稿的公众号页面，查看位于底部的菜单栏。一般来说，在某个菜单栏里，会有"商务合作""投稿"等，点击进去，会看到编辑的个人微信或指定的投稿邮箱账号。

第二种方法是，查看公众号文章的末尾。有些公众号的征稿信息会放在文章的末尾，紧跟着就有联系方式，比如编辑的微信号、微信号二维码，或者投稿邮箱账号。平时看文章的时候，可以留意一下。

第三种方法是，在公众号对话框发送"投稿"二字。

有的公众号没有直接在菜单栏提供投稿渠道，但是设置了关键词回复，只要发送"投稿"二字，就会弹出一篇推送，推送里就有投稿的方式和投稿的相关信息与步骤。

投稿之前要做好哪些准备

1. 研究平台调性

很多写作新手经常写完一篇稿子就随便找一些平台乱投，这样就算你的稿子写得很好也不一定能投中，如果是热点类稿子，还会耽误了时效。

正确的做法应该是先研究平台调性，有针对性地写稿和投稿，这样才能提高上稿率。

比如"洞见"是一个偏文化类的账号，主收观点文，涵盖个人成长、品质修养、人际交往等方面；男孩派、女儿派则是亲子教育类的账号，主收亲子教育文，一个比较偏向于养育男孩的知识，另一个比较偏向于养育女孩的知识。

如果你给这三个平台投时尚穿搭类或者职场类的稿子，平台大概率不会采用，因为不符合它们的平台调性。

给一个平台投稿前，一定要仔细阅读公众号的征稿函，另外建议要拆解这个平台 10 篇以上的文章，就算没时间仔细拆解，起码也得仔细看该平台 10 篇以上的文章。

另外需要注意的就是，平台一个月内发过的选题，基本上不会发第二遍。所以这也是我们看往期文章时候要注意的一点——如果写某个选题的文章近期发过了，就不要再给他们投写相同选题的文章了。

2. 做好文章排版

平台编辑每天都会收到很多投稿，留给一篇稿子的时间其实并不多，所以那些版式很乱的稿子，基本上第一眼就会被拒。

如果文章的内容写得很好，却因为不懂得排版被拒稿，那就很可惜了。每个人都要明白排版的作用：一是提升用户的阅读体验，减少视觉压力；二是引导读者的阅读节奏，展示文章逻辑。

有些公众号的征稿函会明确写出排版要求，比如用什么字体、用几号字、行间距多少、要不要配图、投稿的时候是直接粘贴正文还是放在附件里，等等。对于这种情况，应严格按照征稿函的要求排版，征稿函怎么要求我们就怎么做。

如果征稿函中没有详细的排版要求，那给大家提供一个"洞见"内部的文章排版标准，投稿前可以按照该标准做好排版。

标题：小四宋体，加粗居中，最好提供两到三个备选标题。

段落序号：01、02、03、04 的段落序号一定要有，不能全文没有分段。

小标题：五号宋体，放在序号下面，序号和小标题都要加粗、居中。

正文：五号宋体，金句要加粗。

空行：新媒体文没有长段落，写一两句话就要空一行，行间距可以设置为 1.5 倍，句子多用短句，符合新媒体阅读习惯。

字数：一篇新媒体文章的字数，一般控制在 1800~2500 字；每一部分控制为五六百字，每一部分的字数不要相差太多，比如有的部分 800 字，有的部分 300 字，看起来就很不均衡。

图片：图文相关的选题要配上图片，比如热点事件要配上新闻截图，影视剧可以配上相应的台词截图，等等，无关图文不要用。

简介：文末要留下作者简介，包括你的笔名和一两句话的自我介绍，还要留下你的联系方式，一般是留下你的微信，也可以附上邮箱，方便编辑联系你。

这是看起来比较舒服的排版标准，写好稿子之后可以对照着逐条检查。

3. 在邮件主题中给出关键信息

投稿到平台邮箱时，如果征稿函对邮件主题有要求，那么就按照征稿函的要求写；如果没有要求，可以这样写：【投稿】+文章标题+笔名。

如果是热点类稿件，还可以在主题上备注一下，方便编辑一眼认出，因为对绝大多数的平台来说，热点类稿件基本上都会优先审核。主题可以这样写：【热点投稿】+文章标题+笔名。

如果是第一次投这个账号的邮箱，还可以在邮箱里附上自己的历史作品以及一些相关经历，方便编辑对作者水平和能力有进一步的了解。

附录 D　写作书单推荐

心理学相关书单

推荐理由：心理学干货和生活息息相关，阅读心理学相关内容有助于更好地熟悉、洞察人群的潜在痛点和背后逻辑。

在解析人的心理的同时，将吸收的信息化用在自己的文章中，增加文章说服力。

戴维·迈尔斯. 社会心理学 [M]. 侯玉波，乐国安，张智勇，等译.第 11 版.北京:人民邮电出版社,2014.

斯科特·派克.少有人走的路 [M].吉林文史出版社,2007-1.

凯利·麦格尼格尔.自控力 [M].王岑卉,译.北京:文化发展出版社,2017.

古斯塔夫·勒庞.乌合之众 [M].冯克利,译.北京:中央编译出版社,2017.

马歇尔·卢森堡.非暴力沟通 [M].刘轶,译.第 2 版.北京:华夏出版社,2021.

维克多·弗兰克尔.活出生命的意义 [M].吕娜,译.北京:华夏出版社,2018.

乔丹·彼得森.人生十二法则 [M].史秀雄,译.杭州:浙江人民出版社,2019.

施琪嘉.疗愈你的内在小孩 [M].北京:人民邮电出版社,2021.

KnowYourself 主创们.长大了就会变好吗? [M].南昌:江西人民出版社,2019.

中村恒子,奥田弘美.人间值得 [M].苑宏涛,译.北京:北京日报出版社,2019.

写作提升书单

推荐理由:帮助写作者掌握写作的基本逻辑,了解写作方法和框架。有利于提升文笔和思考、运用写作框架的能力。

芭芭拉·明托.金字塔原理[M].汪洱,高愉,译.第3版.海口:南海出版公司,2019.

莫提默·J.艾德勒,查尔斯·范多伦.如何阅读一本书[M].郝明义,朱衣,译.北京:商务印书馆,2004.

夏丏尊,叶圣陶.文心[M].北京:开明出版社,2016.

威廉·E.布隆代尔.《华尔街日报》是如何讲故事的[M].徐扬,译.北京:华夏出版社,2018.

舒明月.大师们的写作课:好文笔是读出来的[M].北京:人民文学出版社,2020.

大卫·奥格威.一个广告人的自白[M].林桦,译.第3版.北京:中信出版社,2015.

杰克·特劳特,艾·里斯.定位[M].邓德隆,火华强,译.北京:机械工业出版社,2021.

关健明.爆款文案[M].北京:北京联合出版公司,2017.

詹姆斯·斯科特·贝尔.这样写出好故事[M].苏雅薇,译.第5版.长沙:湖南文艺出版社,2017.

布兰登·罗伊尔.一本小小的红色写作书[M].周丽萍,译.北京:九州出版社,2017.

人物传记类书单

推荐理由:阅读人物传记有助于了解一个人的思想变化和生平经历。在新媒体写作中,许多素材都来自人物故事,所以,阅读人物传记也可以帮助写作者积累素材。

王守仁.王阳明（全集）[M].上海：上海古籍出版社，2012.

梁启超.李鸿章传 [M].北京：中华书局，2016.

张宏杰.曾国藩传 [M].北京：民主与建设出版社，2019.

史蒂芬·奈菲，格雷高里·怀特·史密斯.梵高传 [M].沈语冰，等译.南京：译林出版社，2015.

汪朗，汪明，汪朝.老头儿汪曾祺 [M].2 版.北京：中国青年出版社，2021.

沃尔特·艾萨克森.史蒂夫·乔布斯传 [M].赵灿，译.3 版.北京：中信出版社，2014.

林语堂.苏东坡传 [M].张玉振，译.西安：陕西师范大学出版社，2006.

这里列的书单只是给大家一些参考，大家要记住，只要是你喜欢看的书，如心理学、经济学、小说、散文等各种各样的题材都能帮助你打开写作思维。当你开始阅读，你就正在进步。

附录 E　新手如何解决下笔难的问题

"洞见"写作训练营至今服务了近 6 万名学员，总结后发现写作新手在刚入门的时候，几乎都会遇见以下这四个问题。

无从下笔

1. 降低心理预期

大多数人之所有迟迟无从下笔，无外乎是觉得自己写得差、不敢写，更怕发出去被别人嘲笑。写作新手在写作之前一定要学会放平心态，允许自己写出很差的稿子。要告诉自己："不会有那么多人关注你、揪着你的错处嘲笑你。"

完成比完美更重要，有学习的想法，有下笔动作的你，就已经踏出通往成功的第一步了。

2. 写你喜欢的东西

每个人喜欢和擅长的东西都不一样，刚开始学写作的新人，从自己喜欢的、熟悉的或者有经验的东西开始写，就会轻松一些。

你喜欢看电影、看书，就从影评、书评开始写起；你对育儿有自己的方法论和经验，就可以从写亲子教育文开始。

3. 积少成多，聚沙成塔

写一篇几千字的文章很难，但写一个几百字的小段落，难度就低多了。再不济，写个几十个字的句子也是一种进步，一段朋友圈文案，看了一篇文章后的见解都可以。

思考，然后写下来，多或少、好或坏都不要紧。和文字接触久了，思考多了，你自然会发现写作顺畅了许多。

词汇量匮乏

很多写作新手反映，在写作的时候感觉话明明已经到嘴边了，却表达不出来。只有那几个词语翻来覆去地用，不高级又很苍白。

之所以出现这个问题，主要还是平时的输入和积累不够。解决方法只有一个：大量阅读。

要想写得好，就必须多阅读，不管是看书，还是看各大公众号发布的文章。总之，一定要保持大量阅读。

每天必须给自己规定阅读时间，养成规律的阅读习惯。

当你看得多了，自然胸中有墨，下笔有货。

在阅读过程中，你还可以做一些读书笔记，把一些你觉得值得学习的词语、句子摘录收藏起来，常看常新。

在这个阅读、收集、模仿的过程中，不断吸取、借鉴别人优秀的地方，并把它们内化为自己的东西。

只依靠灵感

依靠灵感写作，是写作新手最容易犯的错误，今天有灵感了，就写一点，没有灵感就不写了。三天打鱼，两天晒网，最后什么都没写出来。

其实，真正的写作根本不能光依靠灵感，灵感是一个越写越多，越不写越没有的东西。选题和灵感是我们自己去找的，而不是自己找上门的。

如果没有选题，就从朋友圈、微博热搜、新闻、书本中去找。

当你看的热点够多了，了解的事件够详细了，能慢慢获得一些经验和感悟了，这时候选题和灵感就出现了。

举个小例子，东京奥运会期间，"洞见"头条发了几篇与东京奥运会相关的文章，这些文章的作者都不是坐在工位上，等着选题和灵感自己来的。而是通过各大平台，搜集了大量的素材，阅读了大量中国奥运健儿背后的故事，才找到合适的选题角度，进行了严密的论证，最终形成了大家所看到的文章。

对写作新手来说也是如此。多关注时事新闻，多看文章，积累金句，多做笔记，在写稿的时候就用得上。

真正厉害的写作者，不拼灵感，而拼努力。

写文章没有逻辑

金字塔结构是写作和梳理思路的工具，用金字塔结构能让写作变得非常简单、方便。

什么是金字塔结构？

用一句话概括，金字塔结构就是由一个中心论点引申出 3~7 个分论点，这些分论点又能被不同的论据支撑。如此延伸，形如金字塔，如附图 E-1 所示。

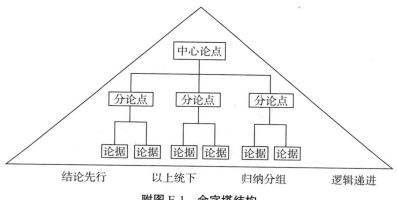

附图 E-1　金字塔结构

用16个字概括金字塔结构：结论先行、以上统下、归纳分组、逻辑递进。要先提出结论，而不是在长篇大论之后再总结出结论。

那么，金字塔结构如何应用在写作中？写作时可以遵从以下三步。

第一步：提出结论；

第二步：阐述论点；

第三步：总结结论。

这种结构，是不是让人一目了然？

利用金字塔结构写出的文章逻辑清晰，顺序得当，让读者感觉更舒服，更好理解。同时，这种结构也方便作者梳理自己的思路，将素材和论据使用得更加得当。

后 记

写作，于我而言，是进窄门、走远路、见微光的一个过程。

进窄门：迷茫时，选择更难的那条路走。

作家余华说："无论是写作还是人生，正确的出发都是走进窄门。不要被宽阔的大门所迷惑，那里面的路没有多长。"

所谓"进窄门"是指，刚开始可能会非常难，但一旦进入，你就会发现里面其实特别宽敞，能和你竞争的人不多；而"进宽门"是指，一开始可能会很容易进去，但之后会有大量的人涌进来，越往里走人越多、路越窄、越难走。

从狭窄开始往往能走出宽广，从宽广开始反而容易走入狭窄。

生活中大部分人更愿意选择宽门，即更容易、更舒服的那条路，因为他们眼里看到的都是短期的回报，是当下的舒适，而不是长远的成长。

我一直很认可"窄门思维"，做人、做事皆是如此。

"洞见"公众号创立至今已有 8 年，从我一个人负责账号的所有事项，到现在有一个二三十人的团队；从几万名读者，慢慢积累到今天有 2700 多万读者；从一个账号发展到现在旗下四个百万级矩阵号……

七八年前，和我一起做内容创业的几个同行，都陆陆续续退场了，但"洞见"一直在，并且在经历低谷、曲折，经历市场变化、内容创新与变革之后，还发展得越来越好。直至今日，我们可以摸着良心说：变的是环境，不变的是"洞见"对内容质量的坚守。

早前，公众号数据开始出现下滑的时候，有同行建议说："不能太常规，要写一些刺激点的内容""带一些娱乐八卦，读者更爱看""标题要更标题党一点"……

我摆摆手拒绝，"洞见"从不写娱乐八卦类的快消内容。

为什么？

正如前面的"窄门思维"所说：有些事物在当下看上去非常诱人，却是以牺牲长期利益为代价的。

娱乐八卦、吐槽猎奇等内容点击率高，创作也更简单快捷，但是没有营养。娱乐八卦类的标题容易不断刺激读者，不断提高读者的阈值，当公众号的内容刺激不到读者的时候，这个账号也会随之被抛弃。快消内容看似是获得关注度最快的方式，实际上并没有给读者带来任何价值，反而损害了账号调性，伤害了读者的信任。

站在读者角度，思考读者的痛点，研究选题、写作手法，输出有价值的作品比创作快消内容难得多，却能真正给读者带来启发和收获。内容好，自然会有源源不断的读者被吸引和打动。

　　读者在进化，内容品质也应该提升，所以"洞见"愿意选择更难的那条路。我是传统媒体出身，对内容有近乎极致的追求，也愿意花更多的时间在打磨原创内容上，努力使其呈现出最好的效果。

　　说实话，这条路其实很不容易。

　　缺少好的选题角度，所以只能每天开会带着大家去讨论；缺少优质内容，所以只能一点点去打磨，去研究总结方法论；缺少资深作者，所以只能从头一步步去内训新人，并且尽可能提供好的写作条件……

　　一开始，我们的内容可能没有那些猎奇、八卦的内容阅读量高，但每个阅读量背后的读者都是真实的个体，他们能感受到他们所看到的是精心打磨的内容。

　　所以"洞见"取得了现在的成绩：每个月的新榜文章"在看榜"前20名，洞见可能上榜了十七八篇，甚至达到过19篇；常年处于文化榜公众号排名前列；在全网公众号大规模掉粉的阶段，我们仍能平均日增1万粉丝。

　　这就是"洞见"进的"窄门"，正是创业之初选择了困难的路，"洞见"的路才能越走越宽。

　　不仅是"洞见"，对于每个个体，特别是能读到这里的写作者来说，也是如此。

　　做人也好，写作也罢，别总想着走捷径，你所认为的捷径其实是最远的路，最近的路往往只有最少的人走。虽然付出的比别人多，但这才是通往成功最近的路。

　　心理学上有这样一个说法：反馈时间越短越容易获得快感，

对于那些反馈时间较长，较难获取快感的事情，我们通常会觉得厌烦，难以坚持。

写作相比于刷手机、看电视剧、打游戏等娱乐项目肯定是更难做、更辛苦的，但只有经历了这个辛苦，才能获得更大的成长。当你选择了写作这条路，你就要接受一点：写作本身就是一件痛苦的事情。

真正的快乐是当你气喘吁吁、汗流浃背地翻过一座座高山后，灵魂和精神被知识和经历填满所带来的价值感和满足感，这些知识和经历也将沉淀在你的气质里。

如果你打算开始写作，或者已经在接触写作，请一定要明白，写作是一件孤独且漫长的事情，既然你选择了这条路，那就要做好充分的心理准备。

这条路刚开始可能会很难，但你一定会越来越好。其中的好处，不仅是可以上稿或者获得稿费，更多的是给你带来价值感和满足感。

我想这才是写作的价值所在。

走远路：真正的写作高手，都是长期主义者。

这几年经常有人问我：

"洞见君，我也想学写作，但是我怎样才能写好？"

"洞见君，你们洞见每篇文章都写得那么好，怎么做到的？"

"洞见君，学习写作多久能够上稿'洞见'？什么时候才能实现财富自由？"

……

　　每每遇到这类问题，我都只有一个答案："你先去做了再说。"

　　自新媒体行业兴起以来，许多人还没开始走出第一步，或者还没坚持两天，就已经在期待靠新媒体写作发家致富了。很多人只关注成名的光彩，却忽视了成名路上的艰辛。

　　写作是一项技能，任何技能的提升都是从 0 到 1、从无到有的过程，需要大量练习和长久的坚持。我们熟知的作家也是如此：日本作家村上春树，每天坚持 4 点早起跑步和写作，每天必写 10 页稿纸，他坚持了 40 多年；英国著名小说家阿加莎·克里斯蒂一生共创作了 80 多部小说，数量之丰仅次于莎士比亚；杨绛先生 105 岁高龄仍坚持写作，一日不变……

　　之所以只有少数人能获得成功，是因为大多数人在还没走几步时候就选择了放弃。真正的写作高手都是长期主义者，行动永远比幻想重要。要想实现自己的梦想，就必须克服一个又一个困难，在最艰难的时刻仍然选择坚持。

　　"洞见"有位作者叫"洞见 ADC"，关注"洞见"和"每晚一卷书"公众号的朋友应该经常看到他的文章。进入"洞见"不到两年，他现在已经是粉丝数量达百万级的大号"每晚一卷书"的主编了，全网有上百篇百万级爆文。在这些成绩背后，其实他只是一个 1997 年出生的小伙子，非常年轻，大学学的也不是中文相关专业，而是车辆工程，刚毕业时也没有从事新媒体写作。

　　然而凭借对写作的热爱，他自学新媒体写作，利用下班时间创作。刚来"洞见"的时候，他也经历了一段很辛苦的适应期，几乎是写 10 篇被拒稿 9 篇。当大家都觉得他可能坚持不下去的时候，他却依然每天坚持写作、拆文、复盘、总结方法论，结果不到半年就成为团队的写作高手。看似"开挂"的写作生涯背后付出了多少艰辛，只有他自己知道。

"洞见"内部对写作新人一直有一套比较严格的内训方法，要求每天拆文、搜集并汇报热点，每周写稿不少于两篇，且每篇文章都需要打磨到能上稿为止。团队内部报 10 个选题一个都没过是常态，一篇稿子改十几遍也是有的。能扛下这个内训过程并坚持下来的人，最终都会成为我们团队的骨干。

写作的道路没有徘徊只有坚持，写作是条孤独的路，行走其中，总会经历数不尽的自我怀疑和否定。很多作者都是从模仿、练习开始，通过坚持才慢慢形成自己的写作风格的。如果你喜欢写作，请相信时间的力量，相信积累的力量。爱写、常写、多写，把这件事坚持下去，能一直坚持写下去的，最终一定会实现成为作家的梦想。

请记住写作中最重要的三件事。

第一，输入。

一定要坚持阅读，不断输入以下三类内容。

书籍：至少保证每周阅读一本书，如果不喜欢看书，可以选择听书，尽量选择经典文学书或畅销书；

公众号推文：尽量看头部账号内容，要对新媒体表达时刻保有敏锐的嗅觉，了解各大账号最近都在写什么，什么样的内容数据好，读者喜欢。

互联网资讯：去微博、抖音、知乎等其他主流平台，了解最近都在流行什么，为什么流行，保持对互联网热点的敏感度。

第二，思考。

输入方面的思考：在输入信息的时候要多思考，多发问，比如问这个为什么会是热点，为什么会有那么多人关注，这个信息的讨论价值是什么，有什么合适的切入角度。

生活方面的思考：要写好作品，首先你要关注生活，新媒体写作离不开生活，多观察朋友、家人、同事，多观察身边的人、事、物，只有对生活有了态度和思考，生活才会为你提供源源不断的写作素材。

行文逻辑的思考：写作新手一开始写文章都很慢，因为要找素材，思考论述逻辑。因此，要跳出固有思维模式，多去想想是否可以换种表达方式。思考的时候，不要闭门造车，要多看相关的资料以启发灵感。

第三，训练。

作家林清玄说："写作也像耕田一样，只要你天天下田，就没有不收成的。"

只有当你开始写作，你才能及时发现自己的问题并加以改正。

如果你发现自己的开头写得不够吸引人，那就多看一些优秀文章的开头；如果你觉得自己的金句写得不好，那就去摘抄别人写的金句，模仿着写；如果你觉得找不到素材，那就多阅读，建立自己的素材库……

多写一点儿，再多写一点儿，所有困惑都会在你的行动中给出答案。

见微光：所谓人生"开挂"，不过是厚积薄发。

我一直相信"厚积薄发"这个词，这世上没有什么一蹴而就的事。正是因为我从小有文学、写作方面的积累，所以我能在毕业后进入知名报社工作，也正是因为在报社的实践积累，所以我能够抓住机会实现内容创业。

工作、生活都是一样的，一步一个脚印，脚踏实地走才会把路走得更顺畅。每天进步一点点，每个月进步一小步，长此以往，一年以后再回顾，你会发现其实你已经走了很远的路。

"洞见"的写作训练营已经举办 18 期了，教学、服务了近 6 万名学员，林雪是 15 期写作训练营学员中实现最短上稿用时的零基础写作新人之一，5 天实现上稿变现，18 天过稿百万大号，现在，她已经是各大平台的签约作者了。

一开始大家都很惊讶，因为她是两个孩子的妈妈，也是一名从事管理工作的职场女性，自己的工作生活都很忙了，取得如此成绩真的很难得。

后来在她的分享中，我们才了解到，原来一切成功都是有迹可循的。一堂 1 小时的视频课她至少要看两遍，所有老师给的批注评语，她全部做好笔记保留起来仔细研究，每天坚持练习拆文，努力积累素材和金句。

参加写作训练营之前她从来没想过，也不敢想自己会有上稿的可能。她总觉得写文章、上稿离她太远了，但去做了才发现，一切皆有可能。凡事先去做就好，剩下的总有办法。她说："经过训练营的学习，我有信心去接受生活中更多挑战了。"

正所谓"难走的路，都是向上的路"。想，都是问题；做，才是答案。其实，生活中很多事也都是这样，你不去做，就不知道自己有多大潜力。走下去，总有能看到希望的一刻。

"洞见"写作训练营里有很多上稿的学员，他们有的是还未步入社会的大学生、有的是全职宝妈、有的是职场女性、有的是经营商铺的大叔，看到他们上稿的消息，我们非常开心，也深知他们背后付出了多少努力。

任何成功都不是偶然的，所有的厚积薄发都有迹可循。看到这里的你，应该也是一位喜欢文字、喜欢写作的朋友，不管你选择做什么，或者想要做什么，我都希望你能坚持到底，希望你能真的下定决心，哪怕此刻的你依然存在不足，也不要害怕，走下去，一定会看到希望。

请一定要保持学习的热情和前进的勇气，不要给自己设限。也愿你始终能从文字中获得鼓舞，能用文字鼓舞他人。愿你始终昂首挺胸，成为更好的自己。

洞见自己，善待他人；

心存希望，终见微光。